全民阅读丛书
·名家系列·

王京生 著

让城市因热爱读书
读书而受人尊重

阅读与城市发展

海天出版社
·深圳·

图书在版编目（CIP）数据

让城市因热爱读书而受人尊重：阅读与城市发展 /
王京生著. — 深圳：海天出版社，2019.11
　（全民阅读丛书·名家系列）
　ISBN 978-7-5507-2785-4

　Ⅰ. ①让… Ⅱ. ①王… Ⅲ. ①读书活动－中国－文集
Ⅳ. ①G252.17-53

　中国版本图书馆CIP数据核字(2019)第223517号

让城市因热爱读书而受人尊重：阅读与城市发展
RANG CHENGSHI YIN REAI DUSHU ER SHOU REN ZUNZHONG: YUEDU YU CHENGSHI FAZHAN

出 品 人　聂雄前
丛书策划　深圳市全民阅读研究与推广中心
责任编辑　朱丽伟　童　芳
责任校对　南　芳
责任技编　郑　欢
装帧设计　知行格致

出版发行　海天出版社
地　　址　深圳市彩田南路海天综合大厦7—8层（518033）
网　　址　http://www.htph.com.cn
订购电话　0755-83460239（邮购、团购）
设计制作　深圳市知行格致文化传播有限公司
印　　刷　深圳市新联美术印刷有限公司
开　　本　889mm×1194mm 1/32
印　　张　10.5
字　　数　210千字
版　　次　2019年11月第1版
印　　次　2019年11月第1次
定　　价　68.00元

　　当策划"全民阅读丛书"的朋友，将我二十年来谈及阅读的文章整理后放在面前时，我眼前不禁浮现出许多情景：每天清早在深圳图书馆前静静等候开馆的长队；深圳书城24小时书吧里深夜阅读的灯光与读者；每年读书月期间如潮汹涌的购书人流，以及饶宗颐先生在读书月上的开坛首讲，金庸先生与二月河先生在历史天空下的对话……

　　深圳读书月已经走过了二十年。二十年之于一个人，是从初生到成人的关键阶段，对于将近不惑之年的深圳亦复如是。在2000年创办读书月之前，深圳文化的发展已经累积了很好的基础，同时，也面临着各种各样的新选择。但为什么偏偏选择办读书月，在全国率先开展全民阅读活动？每届读书月策划的理念及动因是什么？读书月又怎样实现着"高贵的坚持"？这本书提供了一些原始思想，也许幼稚，但却真实。

　　"莫言每事俱长往，须有清风属后来。"读书月还要举办下去，并且内容会更丰富、更有品质。在这里，我以此书向所有推动读书月的人们致敬，向我们这座城市热爱阅读的市民致敬。

·目录·

第五辑·读书篇　　在阅读的星空下诗意栖居

全民阅读丛书
·名家系列·

·第一辑·

战 略 篇

全民阅读：国家战略与城市选择

> 创造一种高尚的城市文明样式

读书本是个人的行为，一个城市为什么要以"读书月"的形式持之以恒地去推动？因为这种形式体现了深圳这座城市提倡的价值观念、文明模式和生活模式，就是让"以读书为荣"成为我们的价值理念，让"以读书为乐"成为我们的生活方式，让"以读书为用"成就我们的人生梦想。

我们所留给后世的，不应只是物质上的丰饶，还要有丰富的精神创造。我们筑造的不仅是高楼大厦，通过阅读，我们还在创造一种高尚的城市文明样式。

一、当今城市发展已经进入比拼文化的新阶段

深圳读书月自 2000 年 11 月举办首届活动，得到了国家有关部委的充分肯定，也受到了市民和媒体的广泛欢迎。中宣部、新闻出版总署（现为国家广播电视总局）有关领导多次参加深圳读书月活动，认为"深圳读书月起步得早、开展得好，是推进全民阅读活动的成功典范""深圳读书月有力地促进了全国性读书热潮的形成"；媒体评价读书月是深圳的又一个创举，市民将读书月视为最受欢迎的城市文化品牌。

美国著名城市规划思想家芒福德指出，城市是文化的容

器。我们举办读书月的目的在于，通过城市对阅读的推崇，增加城市文化内涵，从而改变城市的精神品质。举办深圳读书月是我们关于城市文化发展战略理论思考的实践形式，而读书月在纵深方向的推广和扩张更加丰富和完善了我们对城市文化发展战略理论的认识，读书月在深圳市内外产生的广泛影响也坚定了我们在这个年轻城市持续开展读书活动的信心和决心。

举办深圳读书月构想的提出，首先是基于当时深圳发展的现实需求，直接的推动原因是 20 世纪 80 年代以来，深圳市民求知欲望的高涨和当时深圳市公共图书馆资源的缺乏之间的矛盾。

深圳读书月的举办和深圳这座城市的特点密切相关。深圳作为一个发达的现代工商业城市与年轻的移民城市，广大市民普遍存在着对知识的巨大需求，自我学习与自我提升成为化解生存与竞争压力的内在需要。这可以从以下数据中体现出来：深圳人均购书量已经连续 17 年位居全国第一，深圳的图书销售总额位居全国大城市第四位……此外，从深圳独特的人口结构来看，除了大量的高学历人才，还生活着数以百万计的外来劳务工，他们以其艰苦的劳动为深圳的发展做出了巨大的贡献。但由于种种原因，他们没有更多资金和机会进行更为广泛的文化消费，如何通过举办一些行之有效的文化活动，丰富他们的业余生活，提高他们的文化素质，成为政府施政的重要考量因素。为了引导与进一步提高市民对于读书的热情，有必要通过举办"读书月"这样的大型公共文化活动满足读者需求，培养读书氛围，营造书香社会。因此，举办深圳读书月是对应深圳城市特点而做出的文化决策。

不仅如此，读书月的举办还和我们对一个城市未来发展战略的认识有关。一段时期以来，我们的城市发展战略基本上是以 GDP（国内生产总值）来衡量城市的增长和发展指标。20 世纪 60 年代之后，随着全球性的资源短缺、生态环境恶化等问题给人类带来空前挑战，一些有识之士已经开始意识到使用 GDP 来表达一个国家或地区经济与社会的增长与发展存在明显的缺陷。他们强烈呼吁改进国民经济核算体系，纠正以 GDP 为核心的国民经济核算方式的缺陷。一批经济学家提出采用"绿色 GDP"来衡量一个国家或地区的真实发展和进步，使其能更确切地说明增长与发展的数量表达和质量表达的对应关系。1992 年里约会议之后，可持续发展观被世界各国政府广泛认同。

2000 年是深圳特区成立 20 周年，当时党中央国务院给深圳特区的定位是"增创新优势，更上一层楼"。我们的理解是，深圳的发展受到土地、人口、环境等条件的制约，所以不能仅仅走物质消耗的发展路子。同时随着全国改革开放进程的加快，"优惠"向"普惠"转变，仅仅靠政策优惠已难有更大的发展潜力。这就必须从一个城市的内涵上下功夫，这个内涵在一定程度上表现为一个城市的文化。因为一个城市好不好，最终要看城市文化的整体素质、品质和品位，这不但决定今天城市的基本品格，它的人口适宜居住指数，更重要的是它深刻影响到一个城市的长远发展。**城市的终极意**

义就是文化的追求，一种文化品位的追求。

我们到国外去，人家往往不跟你谈什么 GDP，而是谈他们的城市有多少年的历史，有多少文化名人，他们正举办哪些艺术展览，等等。他们以此为荣，其背后体现了他们的核心价值观念。这种以文化为依归的价值眼光，是人类城市文明发展到一定程度的必然反映。

对中国城市而言，如果从纵向的历史发展来看，对城市价值的认识，或者说对什么城市才是好的城市的评价，其间经历了三个发展变化阶段。第一阶段是拼经济、比富裕，比哪个城市经济实力强、城市居民收入多。经济和财富成为好城市的标准和普遍认识，这种认识现在仍有相当的市场。第二个阶段是拼管理，这个阶段是比城市的管理、硬件，特别是各级政府在追求 GDP 之外，开始追求城市硬件的建设和管理，包括在文化设施上的大量兴建。第三个阶段是拼文化，哪个城市文化繁荣发达，哪个城市就有可能在未来的城市竞争中立于不败之地。当前，我国绝大多数城市已经走过以 GDP 为中心和基础设施建设的竞争阶段，而在一些比较发达的城市，例如北京、上海、广州和深圳，已经进入第三个阶段，即以文化为主题的发展阶段，出现了以文化论输赢、以文明比高低、以精神定成败的新的竞争和发展格局。文化成为决定城市未来发展的关键因素，成为城市的核心竞争力，以文化为轴心的城市战略也因此逐步成为城市管理决策者的自觉选择。这说明我们的城市发展已经迈入一个费孝通先生所说的"文化自觉"时代。而**积极**

倡导读书活动，使一个商潮涌动的城市同时成为书香弥漫的城市，正是自觉地追求文化，积极地崇尚知识，以及深圳面向未来的前瞻性、战略性选择。

二、实现公民读书求知的文化权利是党委和政府的文化责任

从政府层面来说，读书月是基于我们对文化权利以及政府的文化责任等理论问题的深入思考，并较早在全国提出明确政府的文化责任，实现市民文化权利。

早在 1966 年，联合国大会就通过了《经济、社会和文化权利国际公约》，对文化权利的理论内涵等做了多方面的阐述。1997 年，我国政府签署了这一公约，并于 2001 年获得第九届全国人大常委会的批准。自此以后，文化权利问题日益受到政府和学界的重视和关注，深圳就是在全国较早关注文化权利问题的城市之一。概括来说，我们认为，公民文化权利包含如下五个方面的内容：一是享受文化成果的权利，二是参与文化活动的权利，三是开展文化创造的权利，四是文化创造成果受保护的权利，五是自由进行文化选择的权利。文化权利与政治权利、经济权利和社会权利一样，是平等的概念，它们在公民权利结构中处于同等重要的地位，公民文化权利的实现状况是社会文明与进步程度的标志之一。因此，文化权利概念的提出，首先意味着我们要对政府的文化责任问题进行重新思考和

重新定位。也就是说，作为公共行政部门，政府有责任、有义务去积极推动城市文化的发展，如发展文化产业、繁荣文化市场等。但政府最基本的法定职责是最大限度地利用公共资源，创造各种条件去保障市民基本文化权利的实现；同时，政府作为其中的责任主体，必须把公民文化权利的实现程度作为政府文化绩效考核的重要指标。而在我们现阶段，政府掌握了大量的公共文化资源，并主要担当着对文化资源的调控，这也使得政府实现公民文化权利具备了一定的物质基础和现实条件。

长期以来，由于种种原因，人们更关注和重视显性的公民政治权利和经济权利，而相对忽视了隐性的文化权利。改革开放以来，我国经济发展迅速，特别是沿海经济发达地区与城市，随着人们物质生活水平的不断提高，精神文化的需求越来越大，文化权利问题正从隐性层面上升到显性层面，实现市民文化权利问题日益突出与迫切，构成了政府公共文化行政的重要内容，政府承担公共文化服务的职责成为题中应有之义。**在市民文化生活中，阅读是最为普遍也最为持久的文化需求，阅读权也是市民最为基本和最为重要的文化权利之一**。从这个意义上讲，深圳读书月的举办，是有效实现市民文化权利的一种途径、载体和方式。

正是由于将实现市民文化权利作为深圳读书月的主要理念与指导思想，深圳读书月自举办以来，始终关注、了解并采取喜闻乐见的多种形式实现大多数人的读书愿望与读书权利，因此受到了广大市民的热烈欢迎与积极参与。深圳读书月活动不仅在整个城市推动了求学问道的风气，而且还树立了一种热爱读书、追求知识的城市形象。以尊重知识、崇尚文明为特征的城市文化特色日渐显著。

读书的权利与读书的兴趣是紧密联系在一起的，只有了解并努力满足广大市民的读书需求，才能真正实现市民读书的权利与愿望。为此，深圳读书月组委会还专门就"深圳人的读书状况"进行了问卷调查，从读者群体结构、读书时间及方式、读书兴趣及目的、购书环境等方面进行认真的统计分析，研究不同读者的多样化阅读需求，并努力通过各种活动来予以满足。如针对青少年儿童，读书月有"中小学生现场作文大赛""少儿换书大会""读书·成长与未来"知识大赛等活动；针对外来工，有"打工文学论坛""读书成才报告会"等活动；针对基层，则有"学习在社区"系列主题活动；针对文化程度较高的市民群体，则有"深圳读书论坛"等。可以说，实现市民文化权利构成了举办深圳读书月活动的根本宗旨和指导原则，而它的举办就是这一宗旨和原则的具体贯彻和落实。

在这个基础上，我们以读书月为契机在全市范围内推广和构建公共文化服务体系。公共文化服务体系，作为实现公民基本文化权利的主要载体和途径，具有十分重要的作用。这些年来，我们以满足广大市民基本的文化需求和实现市民的文化权利为出发点，不断强化政府责任，加大财政投入，利用社会资源，加快公共文化服务体系建设，初步建立起设施比较齐全、产品比较丰富、服务质量较高、机制比较健全的公共文化服务体系。

总之，以构建公共文化服务体系促进公民文化权利的实现，既是一个理论问题，同时也是一个实践问题，还有待我们进一步深入思考，更需要我们的进一步实践。读书月就是我们把这种思考和实践相结合的方式之一。

三、推广全民阅读活动是城市人文精神建设的重要途径

人文精神对于社会进步和城市发展始终起着重要推动作用。世界城市发展的历史表明，城市的凝聚力、影响力和辐射力很大程度上取决于它的人文精神和人文力量。如历史上的伦敦、巴黎、纽约等一流的国际大都市都是人文精神的高地和集大成者。伦敦是老牌的帝国都市，科学理性和渐进求变构成这座城市的文化基座，它的文化孕育出《大宪章》《政府论》《国富论》等影响世界历史进程的皇皇巨著，培育出培根、牛顿、亚当·斯密等为代表的一大批人类文明发展的大家巨匠。巴黎之所以受到尊重，不在于它是时装之都、香水之都，也不在于美丽的塞纳河、著名的罗浮宫和高耸的埃菲尔铁塔，更重要的是她曾经作为欧洲乃至世界思想文化的中心，是启蒙运动和人文精神的历史重镇。纽约是最年轻的世界大都市，她的崛起，来自于自由、平等和机会所代表的"美国梦"对于世界移民的吸引，来自于移民文化共同缔造的开拓疆土、改变命运、实现梦想的精神，不同肤色、不同

宗教、不同种族、不同语言的人群聚集在一起，使她成为文化的大熔炉，推动纽约迅速成为世界的经济中心、文化中心、金融中心和信息中心。纽约的文化包容的气度和文化创造的活力，是其城市发展的人文精神基础。

在某种程度上，深圳和纽约一样，作为一个吸引1000多万人前来创业发展的城市，如果没有一种博大的胸怀，没有一种精神的感召，没有一种文化的包容和凝聚，就不可能有如此旺盛的人气，也不可能有这座城市所创造出来的中国乃至世界的奇迹。深圳这座城市构成的主体是外来人口，他们每个人都是文化的载体，汇集在一起就是宏伟的交响诗篇。深圳文化血液中有着丰富的中华母体文化基因，体现了中华文化的丰富性和活力，民族传统的浸润无处不在。深圳又是一座改革开放的前沿城市，连接中西，在大量的对外开放和交流活动中吸收了世界文明的精华。正是在传统的浸润和现代的创造中，深圳开创了一种崭新的文化气象和精神力量。这也是这座城市得以强劲发展的必要条件。

对于塑造和传承城市独特人文精神来说，深圳的一个重要使命就是推广阅读。对文明的理解首先是通过对文明的阅读，**亲近阅读就是亲近文明**。所以，我们提出，不仅仅要把读书看成是事业成功的手段，更要把阅读提升到一个城市的价值层面，来塑造这个城市的精神品格。"让深圳因为热爱读书而受人尊重"是深圳读书月的活动理念，我们也提出要建立这样一种价值观：在这个城市，读书人会获得尊崇。城邦是古希腊人文明习性的导师。一个城市文化生态的形成最终要落实到市民的文化心态上来。同样，我们要通过读书月，把深圳这座城市的理想注入市民心中，使得每一个市民在和这座城市共同成长的过程中学习到一种崭新的以读书为乐的文明习性。

我们十年如一日，这是对一种高贵的人文价值的坚守。**读书给我们的是智慧之乐、心灵之乐、和美之乐。这种乐，非天然所能至，而要进行后天的熏习。**只有通过读书这样的媒介，才能真正培养人的科学精神、理性精神和人文精神。

同时，对于城市而言，读书月活动的举办，不仅表明一个城市的文化态度、文化追求，更表明深圳对未来的志向、不急功近利的远大抱负，这是深圳软实力的源泉。一个民族要兴旺发达，就不仅要有人脚踏实地，埋头苦干，更要有人仰望星空，坚守精神家园。仰望星空，就是时时思考更加深邃、更加奥秘无穷的未来。我们的城市，不仅要稳步推进经济发展，实现又好又快运行，继续做好改革开放和经济发展的排头兵，也要有仰望星空的能力。只有这样，这个城市才能诞生持之以恒的理想主义的激情，而不是情绪化的爆发；只有这样，深圳人才能在以观念为先导的特区旗帜下，不断向前开拓。

四、倡导全民阅读是力量型、智慧型、创新型文化建设的根本选择

如果说 16 世纪以来的人类文明主要体现在以工业革命为

标志的工业社会和以科技革命为标志的后工业社会文明，那么，21世纪的人类文明主要是城市文明。据预测，到2030年世界人口将有60%居住在城市。随着大城市的发展，"全球城市""网络城市"等新型城市的崛起，城市文化问题已经成为世界级研究课题。

改革开放30年来，中国最为深刻的经济、社会和生活方式的变化之一，就是中国的城市化进程。中国的城市化进程有三个"世界之最"：人类历史上规模最大的人口迁徙潮——近2亿农民工进入城市；人类历史上增速最快的城市化率；在全球各国中数量最为庞大的城市人口。目前，中国已经有超过50%的人口居住在城市，标志着中国城市化已经进入一个新的历史发展阶段。快速城市化的结果是城市人口的急剧增长，城市数量也在不断增多，城市设施、城市功能和包括生产、消费在内的城市生活方式发生了巨大变化。如何从学理层面回应我国城市化出现的一些新特点与城市文化发展的路径选择，既对我国城市文化研究形成重大理论挑战，也成为我们不可回避的历史责任。

城市史学者研究指出，概观全球城市发展史，可以发现，任何城市都有其生命周期，即经历兴起、发展、繁荣、衰退或再度繁荣的过程。从早期的美索不达米亚、印度、中国等地的政教性城市，到古典时期的雅典、罗马作为帝国中心的世界大都市，再到后古典时期伊斯兰世界的宗教性世界城市、中国的中央权力王城，到文艺复兴时期欧洲的威尼斯等商业城市，再到近代的伦敦、纽约等工业城市，以及今天的洛杉矶等后工业城市和亚洲东方城市的再度崛起。一部全球城市史就是一部不同地区、不同形态的城市交替兴衰的历史，一部不同城市不断分别经历其生命周期的历史。那么，这个城市的生命周期是什么因素驱动的呢？

城市有两个基本属性：一个是物理属性，例如自然条件、建筑和道路等；一个是文化属性，包括人们对这个城市的情感、认同和归属感等。在城市发展早期，城市的物理属性，尤其是城市所处人员流动和商业流通的地理位置，在很大程度上决定了城市的兴衰。但地理大发现结束之后，全球市场开始形成，城市兴衰的生命周期就越来越由其文化属性所决定。

既然文化对城市发展如此重要，一个城市的发展终极意义是文化，那么，值得进一步追问的是：我们应当追求一种什么类型的城市战略文化？是不是我们笼统讲的文化繁荣就是好的？一般来说文化繁荣当然是好的，但是我们需要理性地看待我们所追求的是什么样的文化繁荣。

在人类历史上，我们经常会看到城市娱乐文化高度繁荣的例子，这既可能是当时城市文化高度发展的反映和体现，也可能是国家或王朝即将衰亡的征兆。这样的例子在中外历史上比比皆是，比如我国南宋时期的临安，其市民文化生活在当时世界可能是最丰富的，瓦舍、勾栏，熙熙攘攘；娱乐、休闲，通宵达旦。但这种娱乐文化的发达却与当时积弱的国家政治形势极不相称，甚至是背道而驰的。有人说，南宋亡国有三要素：民穷、兵弱、财匮。南宋学者王应麟指出，这皆源自当国士大夫的无耻。也就是说，大敌当前，南宋朝野上下那种怡然自得的苟安心态，那种人为的懈怠所引起的文怡武嬉、不思进取，才最终导致南宋的灭亡。相似的例子还有古罗马帝国。古罗马帝国的兴起和伟大是众所周知的，研究其衰落和灭亡的著述可以说是汗牛充栋，其中古罗马人后来那种生活方式，尤其是过于追求休闲和娱乐的价值取向，可能是它走向衰亡的文化征兆。

与临安、古罗马的高度娱乐、休闲化的自我消弭性文化相比，还有另外一种文化类型，即融合了血性和理性的力量型、智慧型和创新型文化。中国的先秦时期文化和古希腊文化，可以说是这种力量型、智慧型、创新型文化类型的典范。

目前，不少城市的文化发展战略定位在文化和经济的结合上，强调文化的商品性。我们要承认并且大力发展文化这一属性，使之更大限度地服务于广大市民的消费性文化需求。但是过于强调文化的商品性、消费性，可能会带来一个非常大的困境，就是世俗性的商业文化对高端的精英文化的侵蚀，使得一个国家和民族的文化精神结构被迅速世俗化和犬儒化。哈佛大学社会学教授丹尼·贝尔就曾指出这一点，随着后工业社会的到来，经济、政治与文化三个领域间已产生根本性的对立冲突。这种价值观念和品格构造方面的冲突将更加突出，难以遏制。如何遏制全球化带来的消费型文化野火蔓延，重建我们城市的精神文化传统，就是我们当前城市文化建设的基本任务之一。

所谓力量型文化，指的是一个民族文化结构中属于血气的部分。苏格拉底把灵魂分成三个部分，即理性、血气和欲望，其中血气是最高的或者说最高贵的，它在本质上服从理性；欲望是最低的，它本质是反抗理性。血气在西方历来是古典政治哲学的主题。它是一种政治美德，是正义女神的品性。从血气来讲，就是人对何谓正确、何种东西带来尊严和荣誉的精神感受。所以，力量型文化强调的是何谓正义、何谓勇敢的价值品性。

所谓智慧型文化，是指一个民族文化结构属于理性的部分。这种文化以追求知识和理性为旨归。理性指能够识别、判断、评估实际理由以及使人的行为符合特定目的等方面的智能。理性通过论点与具有说服力的论据发现真理，通过符合逻辑的推理获得结论、意见和行动的理由。

所谓创新型文化，在当前世界尤其集中表现在科技发明和艺术设计上，是文化创意和科技创新最佳结合的范例。这在深圳的企业被称作"文化＋科技"模式。21世纪是科技创新和知识经济的世纪。随着世界多极化和经济全球化的深入发展，科技进步日新月异，生产要素流动和产业转移加快，国家之间、地区之间、城市之间的竞争日趋激烈，并越来越多地表现为科技进步、知识创新能力的竞争。

在我们看来，只有融合这三种文化价值，文化存在才是健全和具有比拼力的。中华民族之所以长盛不衰，并历经多次政治、文化危机而不倒，究其原因，不能不说是与这种血性的、自强不息的、勤奋的、艰苦卓绝的文化追求及其影响有着内在的关联。它对我们今天城市文化的发展也带来了有益的启示。改革开放 30 年来，随着我国经济的发展和人民生活水平的提高，人们对文化生活提出了越来越多、越来越高的需求，城市的娱乐休闲文化产业也出现越来越兴盛的局面。在这种情况下，如何在促进城市文化不断繁荣的前提下，保持城市文化兼具力量型、智慧型和创新型的品格，也就成为城市文化研究者和建设者思考的重大问题。

一个健康向上的城市文化是一个城市得以持续发展的内在基础。而阅读对一种城市文化类型的培养和形成是一个必要条件。**从某种程度上讲，有什么样的城市阅读，我们就会获得什么样的城市文化形态。从知识获得力量，从经典吸取智慧，从文明启迪创新，就是我们阅读的追求。**我们通过读书月专家的推荐书目，提倡大家阅读一些古今中外经典，以及邀请一些人文大家开设论坛，讲解古今中外的经典典籍。我们之所以特别强调对古今中外的一些经典的阅读，是因为这些经典是人类文明智慧的结晶。未来的道路总是隐藏在过去的丛林之中，通过这些经典典籍的阅读，我们才可能理解古希腊德尔菲神庙上刻的那句"认识你自己"，获得对自身的认识，才会在变化的世界中找到古人为我们指引的灯塔。

在此特别值得一提的是，作为城市文化发展的一个例证，深圳近年来所致力打造的力量型、智慧型、创新型文化已经逐渐成为这座城市的文化主流，并取得了卓有成效的成绩。2007年，在全市范围内举办的"市民喜爱的深圳十大文化品牌"评比活动结果来看，"文博会"、深圳读书月、市民文化大讲堂、外来青工文化节、社会科学普及周等活动分别排名前五位。这五个文化品牌活动的共同特点是面向基层，市民可以直接参与。这说明我们通过读书月、市民文化大讲堂和社科普及周等活动，已在市民中间形成了谈论知识、谈论科学、谈论学术、追求理想人生的良好风气。充分反映出我们这座城市的主流价值观念是倾向于知识与智慧的，也证明了深圳不仅为全国提供着经济发展模式，还创造了一种文化模式和生活方式，其中体现得更多的，也许是这座年轻的移民城市有别于其他城市的核心价值观念，以及深圳人不无独特的价值评判准则。

著名人文主义史学家布克哈特在他的《希腊人和希腊文明》一书中提出，在对不同的文明做出评价时，我们现在趋向于从"发展"和"发明"的意义上去考虑问题。如果用这种方式来评价的话，希腊人是十分糟糕的……"希腊人没有留下一项值得一提的有用的发明创造"。那么，是什么让希腊文明成为欧洲文明的源头，成为欧洲思想家和文学家们魂牵梦萦的"用心灵寻找希腊人的土地"？那是因为希腊人创造了一种单纯、完美与和谐的文化典范，它代表的文化类型是一种"高贵的单纯，静穆的伟大"。

> 文化深圳，从阅读开始

　　文化是民族的血脉，是人民的精神家园，也是城市发展的根脉和灵魂，决定着城市的命运和未来。随着经济社会的高速发展和加速转型，**城市竞争已经从拼经济、拼管理进入到拼文化的新阶段，文化、文明、精神正在逐渐成为城市未来发展的决定性力量**。2003 年，深圳提出实施"文化立市"战略。2012 年，在总结近十年成果经验的基础上，深圳市委市政府又发布了《关于深入实施文化立市战略 建设文化强市的决定》，提出了深圳建设"文化强市"的主要目标，即实现城市精神凝聚力更强、文艺精品创作力更强、公共文化服务力更强、文化产业竞争力更强、改革创新引领力更强、国际文化影响力更强。在为人所熟知的"经济深圳""科技深圳"之外，一个"文化深圳"的轮廓也日渐清晰。

　　年轻的深圳，秉承了中华民族文化血脉中的读书传统，始终把知识作为这个城市强大的发展动力加以培育，把爱读书、读好书作为市民的主流生活方式加以推广，并借此推动这座城市快速成长。早在 2000 年，深圳就设立了中国第一个读书节庆活动，确定每年 11 月为深圳读书月。**以文化论输赢，以文明比高低，以精神定成败，这既是深圳面向未来参与城市竞争做出的战略姿态，也是深圳不遗余力推动全民阅**

读蓬勃开展的朴素考量。

阅读是决定城市文化形态和方向的基石。经过不断地创新和发展，深圳在城市文化形态和文化发展战略选择上逐渐成熟。建设文化深圳，既需要总体上的文化繁荣，更要追求文化的品质和格调，文化深圳必须是一种融合了血性和理性的创新型、智慧型、力量型城市主流文化。相比于其他消费型文化、休闲型文化、娱乐型文化，我们认为这是在路径上、内涵上寻找到一种有着强大生命力和远大前途的新文化。文化深圳，必定是学习型深圳；文化深圳，也必然是知识型深圳。因此，阅读在决定深圳城市文化形态和发展战略中无疑是最重要的基石。全民阅读活动对构建创新型、智慧型、力量型文化的重要性不言而喻。**只有一座城市以知识为追求，只有一座城市的市民普遍将阅读作为不可或缺的精神生活，这个城市的文化才是真正有生命力、有竞争力、可持续发展的。**

阅读是增强城市精神凝聚力的有效抓手。由民间发起评选出来的"深圳十大观念"，在海内外引起了广泛反响。其中，"让城市因热爱读书而受人尊重""实现市民文化权利"两项与阅读相关的观念高票入选，可见深圳读书月在成功倡导"以读书为荣、以读书为乐、以读书为用"的生活方式的同时，也使阅读成为深植于市民精神体系中的重要价值观念。深圳读书月始终强调精神性阅读，执着于观念性引导，城市大兴求学问道之风，书香开始压制浮躁，优雅开始驱逐粗俗。市民城市的价值观念亦悄然而变，读书日渐成为文明的象征，最终使深圳这座商潮涌动的城市回归宁静、日渐从容，成为一座因热爱读书而受人尊重的城市。深圳作为一座移民城市，应积极推动社会形成共同的理想信念、良好的道德规范、和谐的人际关系。深圳通过积极倡导读书活动，使更多的外来建设者通过自我学习与自我提升化解生存与竞争压力，同时也建立起对深圳的文化归属感和城市认同感。

阅读是提升公共文化服务力的重要途径。公共文化服务的目标，就是实现市民文化权利。对市民文化权利的尊重，即对人自身价值的尊重。从一开始，深圳即把读书月定位为实现每个公民基本文化权利的重要内容。在深圳，人们无论是为了工作而阅读，还是为了心情愉悦而阅读，我们都将其作为一种基本文化权利予以保障和实现，使文化权利得到充分尊重。为此，近年来我们以实现市民文化权利为出发点，不断提升公共文化服务水平，加大投入建设全民普惠型公共文化服务体系，通过创办各种文化品牌活动，倡导和推广全民阅读，营造了书香社会、人人悦读的良好氛围。在深圳，读书正从高贵的坚持变成一种幸福的享受。

"昔者仓颉作书而天雨粟，鬼夜哭"。文字的产生如此惊天地、泣鬼神，以至于天上下起了粟米，鬼在黑夜里哭泣。文字的产生才真正揭开了天地的奥秘、孕育了人类的文明，使中华民族获得前所未有的思维广度和创造空间。阅读使深圳从知识中获得力量，深圳因阅读而改变。展望未来，深圳要完成国家赋予的使命，继续当好科学发展的排头兵，仍然要持之以恒地推动全民阅读，营造书香社会。唯有这样，社会才能保有持之以恒的理想主义的饱满激情，并将这种激情转化为丰富而充满活力的创意；只有这样，深圳人才能以文化为追求、以知识为动力，不断向前开拓。**文化深圳，从阅读开始**。

> 缔造热爱读书的城市新传统

2013 年 10 月 21 日，联合国教科文组织授予深圳"全球全民阅读典范城市"荣誉。这是一份殊荣，是对一个只有 34 年历史，但却用十多年的时间坚持开展读书月、提倡阅读活动的城市的一种肯定。

为什么深圳能获得联合国教科文组织的肯定？因为这里有热爱阅读的市民，因为市委市政府多年来推动全民阅读的自觉与坚持，因为读书月先进而朴素的理念对全民阅读的引领，因为运营团队齐心协力的推动与社会各界的呵护支持。

一

1988 年我刚来深圳时，当时的图书馆每天上午 9 点开门，上午 8 点就排起长队，至今依然是这样的场景。这座移民城市对阅读与学习的热爱和自觉，让人肃然起敬。1996 年深圳举办全国书市，当时深圳书城销售额创了多项全国纪录，而今深圳人均购书量已连续 23 年位列全国城市之首。2000 年，深圳举办了首届读书月，到如今，这座 30 多岁的城市用十多年的时间在持之以恒地推广阅读。第十四届读书月期间，我了解到一组数据，深圳公共图书馆进馆总人次在 2012 年达

2292万，意味着深圳常住人口每人每年进馆两次以上，这样的频率在世界范围内也是领先的。

抽象数字背后，是一座城市对全民阅读的"高贵的坚持"，这样的坚持赢得了民意。深圳经济特区成立30周年时评选了"深圳十大观念"，"让城市因热爱读书而受人尊重""时间就是金钱，效率就是生命"与"空谈误国，实干兴邦"等三个观念获得了全票通过。这着实让人意外。评选结果是由深圳的老百姓投票产生的，老百姓在给阅读观念投票时内心应该是有所感触的，这也是一个城市的感触。你可以设想，一个一线工人，一旦通过阅读获得新的命运转机，从而走向发展、成功，他会对这种命运的改变特别敏感，肯定对"因为阅读而受人尊重"这句话深有感触。由此可以想见，阅读对城市的影响是巨大的。

二

深圳获得"全球全民阅读典范城市"荣誉，说明城市的文化选择和战略是正确的。深圳在2003年提出"文化立市"战略，并提出建设"两城一都"作为城市特色品牌。"两城一都"建设包括钢琴之城、图书馆之城和设计之都，这比联合国教科文组织在全球范围评选"设计之都"和"图书之都"还要提前两年。

改革开放之初，深圳文化是不被认可的。当时我们办

《深圳青年》，组织召开深圳首届青年文化战略研讨会，在这个研讨会上我提出了"移民文化"的概念。移民文化就是流动性最强的文化。那时候，"文化沙漠"的说法甚嚣尘上，说香港是文化沙漠，深圳更是文化沙漠。但他们往往忽略了一个重要问题，**文化的载体是什么，不是那些多少年沉淀的秦砖汉瓦，人才是文化的最大载体**。哪里有人，哪里就有文化。怎么会是沙漠呢？只要有人在的地方，就不存在沙漠。**不同的城市文化之间，只能是文化形态的不同，没有高低贵贱之分，你可以说这片文化是大森林，这片是草地，这片是灌木。但你不能说是沙漠，因为这里有人。**

深圳真的没文化吗？她可能在某些习俗上没有那么传统化，但是她的文化爆发力、创造力、创新能力与形成崭新的文化舆论的能力，一定是不可小觑的。**文化底蕴是很重要，但是文化底蕴对于一个城市的发展来讲不是最主要的，最主要的是她的文化增量和文化流动性，流动的速度和流动的广度都很重要。移民的流动生机勃勃。只要这座城市一直保持着移民的流动性、创造性，那么这个城市的未来就很远大。**

古人讲"如切如磋，如琢如磨"，读书也是这样。深圳连续 20 年举办读书月，彰显了一个城市对阅读的态度。**推动全民阅读就是要坚持，有"死磕"的精神。**读书是一种致良知的行为。你可以不爱学习，甚至一看书头就疼，但没有一个人会公开说读书不好，这就是良知的力量。无论做事也好，读书也好，都应该从良知出发。办读书月这件事对城市有好处，无论是举办读书月还是参与读书月，这件事让所有与它有关的人心有所安，所以这一"磕"就是十几年。

三

著名文艺评论家、深圳读书月特别顾问谢冕先生说，"读书月就像深圳人一年一度的文化狂欢节"。每年几百项读书活动，大家都在交流各自的读书感受、学习体会，很是惬意。读书月一直在努力地让更多的人参与，强调社会组织参与和公众参与，这也就是为什么每年读书月策划的活动这么多，参加举办的单位这么多，也是读书月由政府主导、企业运作慢慢变成整个社会组织成为主体的原因。从这个意义上来讲，读书月一直力主和希望的就是不断地草根化、全民化，我们在这方面不懈地努力，未来也将永无止境。

从首届读书月开始，深圳就把阅读作为实现市民文化权利的基础加以推动，如果不能给每个人以阅读空间，其他文化权利无从谈起，无论是参与文化活动、享受文化成果还是进行文化创造，都必须以阅读为基础。"实现市民文化权利"理念成为支撑读书月开展的一个基本价值，从满足阅读权利出发，逐步实现市民文化权利。十多年来，读书月不断提出创新的阅读理念。读书月的主题每年也不一样，为什么？我们希望读书月的主题活动是一个创意的过程，避免死板，每年要有新内容。2013年读书月的年度主题是"阅读筑梦，阅读圆梦"，2012 年的主题是"阅读提升正能量"，读书月理念一直很先进也很朴素。

当然，我们距离"实现市民文化权利"目标还有很长的路要走。深圳原特区内外的发展极为不平衡，单从阅读环境和阅读场所来说也有巨大区别，这就是我们要改善的。文化权利是以人为主体的，文化权利包括享受的权利、参与的权利、创造的权利、创造成果被保护的权利，这方面我们还有很多工作要做。如何满足不同层次不同人群的文化享受，如何满足市民的文化参与的需求，还有市民的文化创造是否被尊重，侵权行为是否能有效制止，这方面还有很多的工作要做。

四

深圳从读书月诞生之日起，就在举全市之力推动全民阅读。读书月的三位总顾问，李灏、厉有为、李海东同志，一开始酝酿设立读书月的时候，我找到他们，说希望借他们的威望推动读书活动。他们都说没问题。

读书月的另外几位特别顾问，分别是饶宗颐先生、金庸先生以及余秋雨先生。饶宗颐先生是第一个参加读书月论坛的嘉宾。金庸先生两次来深圳参加读书月活动，他买书、住宿都是自己掏钱，他说："我就是为了你们这个城市提倡读书而来的。"这就是大家风范。

读书月的成功，还要感谢整个运作团队，这是一大批深圳文化人，包括深圳市宣传文化部门、深圳出版集团、媒体和各方人士的一个大团队，齐心协力、锲而不舍，一块干出来的。刚开始时大家边谈论边实施边互相鼓励，后来越来越多社会组织参与进来，读书月得到了全社会的呵护和支持。

从所谓的"文化沙漠"到"全球全民阅读典范城市"，深圳获得了全球瞩目的荣誉，这个大奖属于热爱阅读的全体市民。

如果我们这座城市全体市民，每天都在读书，无论对民族来讲还是对城市来讲，都是太大的荣幸了。**让热爱读书成为城市的新传统、新民俗**。如果别人都说，这个城市是喜欢阅读的城市，那么就是对这个城市未来发展最大的表彰和肯定。

> 文化是流动的

　　世界充满了流动。自然界中的江河在流动，以它不竭的能源、伟大的动力起于高山之巅，冲击原野，最后进入大海。而大海也不平静，它时而激起滔天巨浪，时而形成摧毁一切的飓风。人类社会也是这样，物的流动、人的流动和媒体的辐射等，使我们每天都处在变化之中。在今天，这种流动的步伐明显加快。但是，在这些流动之中，我们往往忽略了文化的流动。我们经常听到这样一些观点：某地有着悠久的历史和深厚的文化，曾经是文化的中心，因此这个地方和这个地方的人就是有文化的。反之，某地就是没有文化的，因为那里没有文化的积淀。这种观点把价值的指针停留于过去，否定了文化自身的创造性和更新性。

　　在我看来，文化并不是一成不变的，就像我们脚下的土地，随着时代的变化和人类的发展，它孕育的东西数目繁多而又千姿百态。辽阔的北美大陆 17 世纪初叶只有几处零散的居民点和稀疏的人口，但开拓新大陆的生活现实逐步把三大人种的居民联系起来，并使他们的文化发生接触、冲突乃至融合。久而久之，融合出独具特色的美国民族文化。这是美国文化给我们的启示，也是文化需保持流动性的证据。

一、文化的蓬勃生命力来源于流动

流动性的文化有着自身的定律，它体现在纵的流动与横的流动两个方面。在人类文明史当中，我们能发现许多既未流动也未继续发展，而是在出生之后便停滞不前的例子。斯巴达为了对付人口压力，在对希腊世界的征服中，消耗了他们的创造能力。因纽特人尽管发展出一种极具特色和高度适应性的北极文化，但这也使他们成了艰苦环境的囚徒，因为生存的首要任务耗尽了他们全部的精力。回到文化是河流的譬喻中，除了一些因不流动而干涸外，当然也有一些最终形成了强大的水系，冲击出广阔的平原，最后汇流成永不回头的江河注入大海。

文化就像自然界，其蓬勃的生命力来源于流动。越是健全发达的人类、越是高尚的文明，受到文化洗礼和浸润就越加重要，这种洗礼、浸润应该来自于流动的文化而不是僵死的文化。我们不可能沉浸在一种固化的文化围城中而希望自身得到发展。从城市的发展历程来看，多少城市曾经辉煌一时，成为一种文明的中心和一种文化的代表，但大部分都逃脱不了覆亡的命运。原因很复杂，如战争夷平了建筑，灾害造成大面积的人口减少，经济像腐朽的梁柱一样轰然倒塌，都可能造成一座城市的最终衰败。实际上，在这些具体的事实背后，我们会发现一个更为根本的原因，那就是文化的停滞和没落。与此相反，那些曾经是文明边缘的地方，因流动文化的浸润慢慢地活跃起来，从蛮荒之地渐渐地演变成为绿洲，甚至成为新兴的文化中心。

仅有文化的历史纵向流动显然不能说明城市崛起的原因，因为文化还有空间横向的流动性。后者所造就的历史奇迹，可能更令我们惊叹。原来发端于两河流域的基督教后来却兴盛于欧美地区；来自于印度的佛教，却在中国和东南亚形成了蔚为壮观的气象；中华文明也曾远走他乡，辐射到周边地区，带动了诸如日本这样的国家跻身于世界国家的前列。只有 30 多年历史的深圳更是这样。它曾经是名副其实的文化边缘之地，但改革开放催生的新的观念文化却首先在这里找到了立足和生长的机会，并形成了自身的文化风格。也许有人会以古城北京为例质疑流动文化，但北京本身就是流动文化的产物，是真正意义上的中国文化大熔炉。它熔铸着契丹、女真，特别是蒙古、满族等少数民族文化，使它们和强大的汉族文化相结合。这种熔铸过程到今天也没有结束，它使北京文化具有无可比拟的通融性。

那么，这种纵横交错的流动的文化给我们什么启示呢？或者说它有哪些定律呢？

任何兴旺发达的城市和地区一定是流动文化最活跃、最激烈碰撞的地区，而没有流动文化或流动文化很少光顾的地区，一定是落后的地区。公元 14 世纪初至 17 世纪中叶，西欧相继出现文艺复兴运动和宗教改革运动。欧洲文化的冬去春来，与其文化视野越来越开阔有关。14 世纪后东西文化的联系不断扩大、深入。他们从伊斯兰教文化中获得自己古典时代的一些文化遗产，这些文化遗产与中世纪基督教神学文化迥异。这吸引了大批人文学者如饥似渴地去搜集、翻译、整理古典文化遗产，文艺复兴由此开始。中国的四大发明，经阿拉伯人之手陆续传到西方，对14至17世纪的欧洲起了巨大的作用。造纸术和印刷术加速了文化知识的传播，火药推动了西方社会的发展，指南针为航海提供便利。后两者对西欧近代自然科学的诞生和发展以及技术的改进，也起了巨大的作用。尽管四大发明在中国很早就出现了，但一直未得到改进，处于停滞状态，所以当西欧学习了各种文化逐步发展强大起来时，中国仍固守在封闭的传统文化之内，对外面世界持排斥态度。这就阻碍了文化的流动，使近代的中国吃了落后就要挨打的亏。

历史文化的积淀有它有利的方面，它可以增强一个城市市民的自豪感，并且从更深远意义上来讲，保持一个民族文化的传统能够薪火相传，它是任何一个民族和国家都应该极为珍视的无价财富。但是这种财富并不能兑换成等价的现实利益。它的宝藏是巨大的，但它的收益也许是非常微薄的。英国的博物馆藏品有600万件，一年的观众是六七百万人次，他们采取自愿投币制度，你愿意投多少就投多少，他们不在乎门票收入，仅这一点就可看出他们的长远目光。博物馆成为城市的标志和骄傲，大大地提升了城市的知名度，并以此带动了整个城市的经济发展。从另一方面说，传统文化也能够窒息一切生动、活泼的文化行为和经济行为，变成沉重的历史负担。中国社会迟缓的发展历史充分地说明这一点。中国人的思维定式里面，一切都要在过去历史和祖宗的牌位上寻找根据，这就是我们步履沉重和历史上的改革屡屡失败的基本原因。因此，绝不能信赖于所谓的底蕴和沉淀能在今天爆发出奇迹。

人是文化的基本载体，只要有人的地方就有文化。流动的人群是流动文化的承载者。而中国的文化特别是历史上遗留下来的器物文化，只是文化的化石。相当长的一个时期，某些学者曾经将深圳看成文化沙漠，认为深圳是一个文化的不毛之地，这里没有古老的建筑，没有几个读古书之人，没有流行的家乡小调和地方戏，没有二人转和河北梆子。他们没有看到，那么多移民带着各种各样的文化基因和文化梦想，源源不绝地流入这个城市。有人的地方就有文化，你可以说由于这里的人口素质低，它所孕育的文化是"灌木丛"而不是"大森林"，但是你不能说这些人不是文化的承载者。浩浩荡荡的旅游人群，络绎不绝地从四面八方去看古老的山寨，去看远在边陲的母系生活状态，如泸沽湖的"阿注"婚姻，那难道不是一种文化形态吗？那不是去看一种文化形态又是去看什么呢？人的流动正如物的流动一样，越频繁，规模越大，一个地区就越有活力。

文化生态或者说生态文化，乃是一个城市最要紧的事情。如何营造一种健康向上的生态文化，成为明智的领导者和单位的管理者最根本的职责。它的营造就是要确认流动文化的重要性，并且为文化的流动创造日益广泛的空间，使流动的文化能够在这里得到充足的养分，生根发芽壮大，同时利用各种各样的制度保障文化流动的渠道，过滤流动文化带来的杂质，唤醒沉睡中富有生机活力的东西。生态文化的核心理念是文化的价值观，而它生存的基本条件则是包容的胸怀，永远不要只主张一种东西存在，而排斥其他东西。

二、城市文化战略必须尊重"文化是流动的"的基本定律

文化的流动性本质要求城市文化的发展必须要在促进文化流动上做文章。如果一种文化战略极大地带动了文化的流动，增强了文化的活力，那么这种战略至少适应了文化生长的特性和内在需要。流动的文化需要更为广阔的空间来展露其勃勃的生机与活力。文化的流动性决定了它只有在创新、交流中才会有更大的发展。**考察一种文化是否有活力，是否有发展的可能性，关键就是看它流动的能力、空间和程度，如果它不再与他种文化相碰撞相流通，不再有大面积的流动，那么它就可能停滞甚至死亡。**

城市的发展已经逐步迈入以文化为主题的竞争阶段，以文化比后劲，以文化论输赢，已经成为世界城市发展的趋势，因此，如何拟定相应的文化发展战略，不仅决定着城市文化

的未来，也将决定着整个城市的命运。

如何选择文化战略呢？每个城市因为其经济社会状况不同，文化传统与资源各异，文化战略也面临不同选择。在选择城市文化战略时，都必须尊重"文化是流动的"这一基本定律，并且相信只有流动的文化才是活的文化，才是最有生命力的文化。正因如此，对文化战略的选择，也必须最大限度地在促进文化流动上做文章。

第一，树立新的文化资源观。长期以来，我们一直坚持的文化资源观认为，文化资源主要是指历史既有，即我们已有的文化遗产、文化古迹、文化大师、文化精品等，似乎只有这些才是真正的资源，才是未来文化发展的依托。如果按照"文化是流动的"的定律去理解，我们的文化资源观必须革新。

对一个地区的文化开发而言，文化资源绝不仅仅是地域性的，我们要在更大空间中去理解资源及资源配置的问题。也就是说，文化的跨地域的流动决定了文化资源的世界性流通，而绝不仅仅为一个地区所垄断。尤其是在今天的全球化时代，跨地域的文化流动使文化生产也变得全球化了，文化人才、文化遗产、文化符号等，都将在更大的文化空间中予以配置。

就文化资源而言，历史既存固然重要，并且可以直接进行文化旅游等方面的开发，获得可观的收益，但是，从"文化是流动的"这一特殊性来理解，一个地区的文化资源总量并不是固定的，其中一个巨大的变量因素在于，一个地区对文化增量的获得程度。**城市的文化竞争，是文化存量之间的竞争，但更是文化增量之间的竞争**。二十世纪三四十年代的上海从传统文化资源方面而言是无法与北京这样的文化古都相类比的，但工业化的生产，世界性的流通，使上海得以在更大程度上参与国际性的文化流通和现代性的文化扩张。文化增量的急剧上升，使其摆脱了原有的文化存量不足的尴尬局面，并形成了与北京之间的强大的对话能力。深圳如果从文化的历史既存方面而言，它远远比不上国内众多的历史文化名城，但它之所以能产生巨大的文化影响力，主要原因在于它的文化创造，尽管没有多少传统的文化资源，但并不妨碍深圳成为国内领先的文化旅游城市。深圳的文化影响并不依赖于原有的文化资源，它在几十年的文化创造使之大放异彩，并由此改变了被讥为文化沙漠的旧有局面。

第二，增强文化流动的经济推力。文化的流动并不是盲目的，它有自己的定律。探讨其中的动力机制，对改变文化流动的方向，影响文化流动的程度，将有重要意义。当然，这种动力机制有许多，其中有文化自身的和非文化的因素。特别是到了现代商业社会，非文化的因素，尤其是经济因素的影响不容忽略。经济因素往往成为现代社会各种资源配置的决定性因素。记得在和著名作家梁晓声先生的对话中，我们曾经产生过一个共识：凡工商业发达之地，必是文化兴盛之邦。这在历史上是有过无数例证的。在中国城市发展迈入第三阶段即文化竞争阶段时，还必须凭借第一阶段的经济实力的积累。没有雄厚的经济实力，没有较高的生活水准，要想推动文化的大规模流动和增长，是不可能的。文化对经济的这种依赖依然不容忽视。但仅仅有雄厚的经济实力还不够，还要在经济推动文化流动方面发挥更积极的作用。也就是说，要更大程度地发挥财富的推动作用，使各种文化要素的流动与配置更为有效。

增强文化的经济推力，还有一个重要领域就是文化产业的发展。**现代城市的文化竞争，在某种意义上是文化产业的竞争，谁能代表先进文化的前进方向，谁能使其文化影响更多的人，谁的文化产业就更发达**。在文化中心如伦敦，超过20万人在文化部门工作，占城市就业人口的5%。日本娱乐业的年产值早在1993年就已超过汽车工业的年产值。美国的文化产业更为发达，其视听产品出口额仅次于航空航天等少数行业，在国际上占据了40%以上的市场份额。在许多发达国家和地区，居民文化消费已占据总消费额的30%以上。因此，在制定未来的城市文化战略时，必须要把文化产业作为一项重要的战略选择，没有产业化的文化运作所带来的推动力量和影响力，文化的大规模流动与扩张是不可能发生的。

第三，培育文化的创新能力。文化的流动与发展的特性，决定了一个文化的生命力在于不断地创新，只有创新才能生存，只有创新才能发展。因此，衡量一个城市文化流动的能量，检验其发展的状态，关键是看这种文化能否有自我创新的机制。创新是一个民族进步的灵魂，也是一种文化进步的灵魂。文化流动的过程，就是文化创新的过程。城市文化之间的竞争与较量，在很大程度上依赖于各自的文化创新能力。因此，必须从文化创新的角度确立新一轮城市文化发展的战略目标。这种创新至少体现在以下几个方面：

文化的价值创新能力。文化的流动，不仅仅是器物的流动，风尚的演变，更是观念的变迁、价值的流变。一种文化要想保持活泼的生命力，要保持观念的辐射力，就必须要有一种价值创新的能力，并通过价值创新，形成文化发展的领先优势。

文化的制度创新能力。文化的中高层就是制度层面，制度包含了一种文化处理人和人、人和事、人和自然等关系的基本能力。无论是观念变迁，还是行为变动，最终都要在制度层面上加以落实。制度文化最能反映一种文化自我管理、自我调整的能力。而制度创新也是观念创新、行为创新的根本所在。因此，文化的制度创新能力，是判断一种文化成熟与否、先进与否的重要标准。

适应时代变化的创新能力。文化发展与经济之间常常存在不平衡的现象，经济社会变化较快，而意识形态和文化的变化相对迟缓。因此，要推动文化发展，必须在文化对时代的适应和表现能力方面有所创新。不与时代合拍的文化必然会被遗忘和淘汰，会成为死的文化，而与时俱进的文化则会找到更大的生长空间，会有无限的生机和活力。

文化科技的创新能力。现代文化生产已经在相当程度上依赖于科技的开发和高新技术成果的运用，因此，文化科技创新能力的强弱将直接影响到现代文化生产的质量与水平。美国文化之所以能影响全球，特别是美国影视产品之所以能占领世界各地的市场，这与高新技术的运用有着重要的联系。中国文化生产和制作相对滞后，一个根本原因就在于生产手段与方式的落后，要使文化生产水平提高的话，必须首先通过文化科技的创新，形成优势，特别是在视听技术、数码技术等现代高新技术成果的运用上领先一步。

中国城市文化竞争的时代，也是文化大规模流动的时代。那种僵死的文化观念，过时的文化想象，落后的文化制度，对今天的生活已经越来越丧失了其引导作用。我们说文化是流动的，就是希望在一个变动不居的时代，文化以其创新的能力、超常规的发展而给这个时代带来更多人文的光辉。全球化已经使文化流动走向极致，我们不希望文化停留在一个地方性、局部性的梦想上，而是希望在大规模的流动中使各民族、各地区、各城市的文化发生更大的碰撞和融合，并且以其各不相同的文化资源和文化个性达到"美美与共"的文化图景。

> 我们需要什么样的文化繁荣

我们需要文化繁荣，它是文化强国战略的目标要求，与激发文化创造力、增强国家文化软实力、扩大中华文化国际影响力相互影响。但同时也必须追问一句，我们需要什么样的文化繁荣？这个问题对于推动文化强国战略、实现中华民族伟大复兴具有重大的现实意义。

一、文化繁荣与城市命运变迁的历史启示

城市史学者研究指出，任何城市都有其兴起、发展、繁荣、衰退或再度繁荣的生命周期。城市有两个基本属性，一个是物理属性，如自然条件、建筑等；一个是文化属性，如人们对于城市的情感等。现代学者普遍认为，文化属性规定着城市兴衰的生命周期。文化是城市的灵魂，文化确立城市的人文形态，并在城市中实现物化或外化，城市的文化与其发展是无法剥离的。文化在城市发展的不同阶段具有不同的内涵和表现形式，它对城市的发展至关重要。但文化的繁荣伴随的并不一定是城市的兴盛，关键问题在于：在一定的历史条件下，支撑城市发展的是何种类型的文化，这种文化是否具有与经济、社会、技术的良性互动和协调发展能力。文化的类型与城市的兴衰本质相关，不同类型的文化对城市发

展的影响大相径庭。

在整个中国文化漫长的发展进程中，凡是创新、智慧、包容和力量特征凸显之时，就是中国文化强盛之时；凡是创新、智慧、包容和力量特征遮蔽之日，就是中国文化衰微之日。

历史经验告诉我们，文化类型与国家或城市发展具有复杂的相关性。一般情况下，文化的兴盛能促进国家或城市的发展，但有些类型的文化繁荣的表象之下却隐藏着惊天危机。如我国南宋时期的临安和古罗马帝国，过于追求休闲和娱乐的价值取向成为他们走向衰亡的文化征兆。

二、我们需要什么类型的文化

综上所述，我们不难发现，铸就古希腊、近代欧洲、当代美国以及中华文明的人类文明巅峰的文化类型具有一些共同特征：创新、智慧、包容、力量。

创新是一个民族进步的灵魂，是一个城市充满活力、可持续发展的动力之源。一是精神文化层面的观念创新。创新型文化的实质就是观念创新，它展现的是观念的力量。观念创新不仅仅是风尚的演变，更是价值的流变。一个城市要想保持生命力，保持文化的辐射力，就必须要有观念创新的能力，并通过观念创新，形成文化发展的领先优势。二是制度文化层面的体制创新。制度创新最能反映一种文化的自我管理、自我调整的能力。判断一种文化的制度创新能力，是判断一种文化成熟与否、先进与否的重要指标。作为一种以倡导创新、激励创新为取向的文化形态，创新型文化必须在制度创新中实现并得到巩固。三是物质层面的技术创新。现代文化生产已经在相当程度上依赖科技的开发和高新技术成果的运用。文化科技创新能力直接影响到现代文化生产的质量和水平。创新型文化在当今世界尤其集中表现在科技发明与艺术设计上，文化创意产业是文化创意和科技创新最佳结合的范例。

智慧型文化的一个基本特征就是崇尚知识，追求理性。理性作为智慧型文化的关键词，其内涵包括工具理性和价值理性。工具理性作为人类理性的基本形式，从其实质上讲属于精神领域，是人类智慧型文化的重要内容。它属于外在的行动的智慧，主要体现为对技术产品的重视和偏好，反映人与物的关系，是智慧型文化的物质性、自然性内涵；价值理性属于内在的心灵智慧，主要体现为对社会精神和人类伦理的重视，是智慧型文化的精神性、社会性内涵。价值理性也是推动人类社会重大发展变革的思想武器和伟大动力。

包容型文化是一种具有包容心态和性格的文化，其最基本的内涵是认同不同的文化享有同等的发展机会和地位。它的关键词包括：开放、宽容、多样性和对话。包容型文化与开放是天然盟友，开放的观念，开放的社会，开放的资源、要素、人才市场可以不断凝聚文化的能量；开放的城市品格和良好的开放心态，可以为观念、文化、技术的交流提供自由空间。包容型文化具有良好的宽容意识,宽容既表现为对各种异质文化的兼收并蓄,又表现为没有排外意识,不打压观念上的新奇,不歧视生活方式上的独特,容忍和鼓励怀疑、批判、求异、创新等文化观念和思维方法。包容型文化承认文化的多样性,**文化因多样性而可爱,不因单一性而高贵。**尊重文化的多样化、百花齐放、百家争鸣,就可以让想象力和智慧充分迸发。包容型文化主张和重视文化间的对话,包容不是一个简单的多种文化的共存过程,而是各种文化在好奇、倾听和对话中相互欣赏、相互学习、相互交流乃至相互吸引、相互交融的过程。

力量型文化,指的是一个民族文化结构中属于血气的部分,强调的是何谓正义、何谓勇敢的价值品性,它是对文化的理性结构的矫正。力量型文化对应消解型、娱乐型文化。消解型、娱乐型文化将人引向感官享受、物质追求,最终文化的力量被销蚀。中国文化的流变在一定意义上就是一次又一次从"血性张扬"到"血性消弭"再到"强大外来压力上的血性回归"的历史循环。

三、创新型、智慧型、包容型和力量型文化如何实现

(一)文化自觉与文化自信

创新型、智慧型、包容型和力量型文化建立在文化自觉与文化自信基础之上。高度的自觉与自信有利于形成文化的

创新、智慧、包容和力量特质，创新、智慧、包容和力量反过来会强化文化自觉、增强文化自信。

文化自觉是一种在文化上的认识与觉悟，是一种内在的精神力量，是对文明进步的强烈向往和不懈追求。它包含认识与行动两个层面：认识层面就是能清楚意识到过去的不同历史时期有不同的文化；能认识到现在的文化是过去的继承与发展，并且还在不断地继续取其精华、弃其糟粕地发展；能保持自身文化的优质、特色，并不断去掉不合时宜的部分；正确对待外来文化，在文化交流中求同存异、取长补短，保持、发展、传播自身文化的特色。行动层面就是要维护两种文化权利，一是捍卫国家文化主权，二是保障公民文化权利。前者是要在吸纳世界优秀文化的基础上确立中国文化的主体地位，确立国家转型的文化自主能力和文化选择的自主地位；后者是要使每个公民都有享受文化成果的权利、参与文化活动的权利，不断满足人民群众日益增长的精神生活需求，解决群众多方面的文化需要，促进多元文化共生和谐。

文化自信是一个国家、一个民族对自身文化价值的充分肯定，对自身文化生命力的坚定信念。中国文化的当代复兴，不仅在于它在全球文化、政治版图中要重新确立自己的独特个性并恢复自信，维系中华民族的内在统一，而且在于它在参与世界文化价值体系建构中，要以自己的核心价值观及其所代表的国家软实力为构建"人类命运共同体"做出贡献。

（二）市民文化权利

创新型、智慧型、包容型和力量型文化以文化权利的实现为基础，只有充分实现了市民文化权利，我们才能建设发达、繁荣、可持续的城市文化。市民文化权利的实现程度是决定城市文化发展成败的重要环节，市民文化权利的实现也是创新型、智慧型、包容型和力量型文化建设的重要主题。

随着中国现代化进程的加速，文化权利的实现问题变得更加迫切。现代化最根本、最核心的是人的现代化，即促进人的全面发展，造就一批适应和推动社会进步的合格现代公民。这种合格现代公民的养成必须以实现公民文化权利为保障。只有当人的文化权利得到充分的尊重和实现，文化建设的兴趣、热情和创造力才能得到最大限度的发挥，文化的创新、智慧、包容和力量要素才能充分聚集。

（三）科技、创新与力量

当今时代，科技正以前所未有的态势影响着文化的生产、传播和消费，创造着新的文化发展模式。文化与科技的结合是创新型、智慧型、包容型和力量型文化的重要实现途径，其中尤其突出的是，科技进步与文化创新、科技进步与文化力量的形成本质相关。

科技进步与文化创新的互动是人类社会文明演进的主旋律，科技是文化形态演进的催化剂，科学技术的每一次重大进步，都会给文化发展带来革命性变化。科技促进文化创新、形成文化力量的最直接表现是文化产业的勃兴与强势发展。

文化与科技的结合极大地提升了文化产业的竞争力和可持续发展能力，一方面将极大地提高文化产业的科技含量，丰富文化产品的表现形式，提升文化产品的附加值；另一方面将使高科技找到新的应用领域，提升科技产品的内涵，拓展市场空间，降低发展风险。文化科技产业作为一种新型的产业业态，可以实现文化与科技之间的优势互补和相互促进，大大增强产业的整体竞争力和可持续发展能力。

（四）包容的市场

文化与市场之间具有复杂的相关性。市场与文化是一把双刃剑，市场突出的是工具理性，尤其是市场与消费的互动关系在一定条件下会消弭文化的力量，但市场在创新、智慧、包容和力量的形成中又具有不可替代的作用。

文化与市场的相互渗透和融合已经成为21世纪世界经济社会发展的一个重要特点，文化渗透到国民经济各个行业和人们生活的各个方面，推动着市场的发展，丰富着人们的生活。在这种互动中，文化生产要素在资本的纽带中以前所未有的速度聚集和流转，文化产品的规模化生产和批量销售使文化传播速度和效率全面提升；在这种互动中，市场为文化注入了巨大的包容能力，市场对文化产品和文化服务需求的增长已经成为文化发展的一个重要引擎，市场所创造的不断变化的文化消费模式推动了文化的发展，消费者在技术进步和市场活力的共同作用下，成为文化产品的制造者或创造者，也极大地激励了文化的创新和流动。

在当今文化流动时代，在市场经济条件下，越是在市场中聚集的力量、成长壮大的文化，就越有创新性，越充满智慧，越具有良好的包容性，也更加充满力量。市场也有两面性，一方面，它配置文化资源，为文化的生长提供条件；另一方面，它并不能解决文化的所有问题，市场中有时也会生长出有消极作用的东西，这是我们必须高度重视的问题。

（五）智慧的阅读

阅读是创新、智慧、包容和力量的重要源泉，而城市的出现既推动了阅读，也因其对人类知识、智慧资源的大规模集中运用，推动了文明的发展和社会的进步。阅读因此成为人类最重要的可持续发展资源。

如果说城市是文化的容器，那么书籍则是人类社会进步和智慧增长的阶梯。不论是西方，还是中国，书写载体的进步打破了特权阶级对阅读权利的垄断，使更大范围的社会化阅读成为可能，极大地促进了人类社会的发展。伦敦、巴黎、纽约等城市不但成为经济、政治中心，而且成为文化中心。20世纪以来，以城市为中心的现代大众传媒的兴起，对人类的阅读史、社会发展史的意义是划时代的。电影、电视、卫星通信、互联网等一系列技术的出现让人类迈入全新的信息化时代，它一方面极大地便利和拓展了人类信息发布与知识交集的渠道；另一方面，依托城市资本和知识集中的资源优势加速了出版和阅读市场的产业化、全球化。

（六）消费文化和消费主义

消费文化是创新型、智慧型、包容型和力量型文化发展中无法回避的问题。消费永远是一种需求，它往往是创新的动力。从更深层次上讲，消费是人类生存和发展的必要前提，是人生命活动的组成部分，也是人再生产自身的重要手段。在现实生活中，消费在很大程度上与文化和经济的融合相关联，消费与文化之间可以建立良好的相互促进关系。

消费文化本是一个中性概念，理性的消费文化并不排斥创新、智慧、包容和力量要素，但非理性的消费文化会导致社会的堕落、腐败、意志力减退。非理性的消费文化信奉消费主义。消费主义所倡导的消费不同于一般经济意义上的消费，消费的目的不再是为了满足现实生活的需要，而是满足被现代广告和大众传媒不断刺激出来的欲望。创新型、智慧型、包容型和力量型文化主张和引导理性的消费文化，反对和排斥非理性的消费文化。在对消费文化的引导中，我们需要破除的是文化即娱乐的错误观念，需要把握消费的本质，凸显和培育文化的创新、智慧、包容和力量特征。真正意义上的消费文化应当既追求合理需要的满足，又不被满足需要的对象所奴役，是一个主动的、有意义的、个性化的、创造性的主体性建构过程，是人不断超越自我、积极寻求生命意义、实现人的生命存在的尊严的过程。

四、文化繁荣的深圳样本

人们谈论深圳时往往存在两个误区，一是将深圳看成一个"经济动物"，二是以为深圳先有经济后有文化，或者只有经济没有文化。改革开放 30 多年，深圳成为中国最成功的经济特区之一，最流行的解释是毗邻香港，地缘优势使然。这个解释貌似正确，实际上是没有看到地缘、经济背后的文化力量。

观念文化、文化立市和深圳读书月是解读深圳文化的重要密码。

深圳的成功，首先是因为观念作为文化在这片热土上走在实践前面。这不仅是因为"经济特区"一开始就是观念的产物，更是因为深圳的"敢想敢试敢干"。深圳的发展中，最值得肯定的是观念的创新。深圳之所以能够产生新观念，得益于改革开放的伟大社会变革和社会实践，还因为这座移民城市的传统观念相对淡薄，城市文化具有开放多元的特征。深圳对于国家的意义在于，促进了一系列完全不同于计划经济的新观念、新价值的诞生和社会文化的当代转型。这既可以看作是深圳在观念层面对全国的启蒙过程，也可看作是深圳这座新兴现代化城市在观念文化上极具创新性、开放性的最初展现。正是观念文化所产生的影响力和感召力凝聚着深圳文化的创新、智慧、包容和力量。

"文化立市"是深圳文化发展中的重要理念，也是深圳文化进步的重要节点，创新、智慧、包容和力量集中体现其中。"文化立市"战略的提出，意味着深圳经济特区日益深刻的文化自觉以及年轻的深圳面向未来的文化抱负。在落实"文化立市"战略的实践中，深圳致力于城市文化发展理念和发展战略的创新。实现市民基本的文化权利、建构完善的公共文化服务体系，成为政府公共文化行政的核心理念。最能体现"文化立市"创新精神的就是文化体制改革，一大批文化体制改革的新理念、新举措从深圳走向全国，深圳四次获得"全国文化体制改革先进地区"称号。文化体制改革促进了深圳十多年来文化的繁荣发展，特别是文化产业成为全国文化产业发展的领头羊。

深圳读书月是深圳追求知识和理性的智慧型文化建设的鲜明标志，自 2000 年以来，活动内容日益丰富，形式不断推陈出新。读书月作为相对微观的文化活动，对于一些文化中心城市也许并不起眼，但其中传达着深圳作为新兴城市的文化追求。深圳不遗余力地举办读书月，推广全民阅读，就是要树立一种城市文化的精神和姿态，树立尊崇知识、求学问道的旗帜，塑造以读书为荣、以读书为乐、以读书为用的市民价值观念和生活方式，使城市因崇尚读书而受人尊重。

回顾历史，我们发现，创新型、智慧型、包容型和力量型文化正日益成为深圳文化的主流，成为深圳区别于其他城市的最具标识性的文化取向。而我们需要深入思考的是，如何进一步推动深圳文化的繁荣、健康发展，从而奠定深圳在全国的文化一线城市的地位。深圳在给全国城市发展提供一个"经济样本"的同时，能否秉承创新型、智慧型、包容型和力量型的文化取向，为全国提供一个来自深圳的"文化样本"。这既是深圳文化人的文化使命，又是我们未来努力的方向。

文化繁荣的花朵在历史的天空中次第绽放，但带给人们的并不总是沁人心脾的芬芳。我们到底需要什么样的文化繁荣？我们的答案是，需要充满创新、智慧、包容和力量的文化繁荣。聚合创新、智慧、包容、力量要素，未来中国文化一定会超越已经困扰中国百年的中西体用之争，一定会是海纳百川、兼容并包、具有丰富多样性的文化，一定是具有强大创新动力，理性与血性兼备，具有与经济、政治、军事实力相匹配的全球话语权和影响力的文化。

> 阅读是最好的可持续发展

当今世界，追求可持续发展渐成一种共识。那么，如何可持续发展，可持续发展的关键是什么？

多年来，深圳一直在持之以恒地推动全民阅读，其实，这解决的未尝不是个人乃至所有民族、城市今天面临的共同问题。**对于民族、对于城市、对于个人而言，文化，是可持续发展的关键，而阅读，是最好的可持续发展，一种快乐的可持续。**

阅读，是推动人类进步最重要的手段。正是通过阅读，我们获取了前人的智慧，探索未知的领域，促进了科学技术的创新和世界的进步。阅读，也是我们每个人观察外部世界并反观内心的重要窗口。透过这扇窗，我们一方面感知世界的精彩和多元，另一方面也获得内心的宁静和愉悦。阅读，把知识和创造连接起来，把过去和未来连接起来。

一直以来，当人们谈到可持续发展时，常提及环境保护、产业升级、资源利用等。其实，谈可持续发展，不能太"物质主义"。**可持续发展中最重要、最根本的是人的可持续，那么，人的可持续靠什么来实现呢？阅读最为关键。**通过阅读，可以传承文明、博古通今；通过阅读，可以思考问题、破解难题；通过阅读，可以提升创造力和文化品位，而这些，都为可持续发展注入强大的力量，同时也是可持续发展的目的。

从古至今，读书是一件散发着文化芬芳的文人雅事，而在深圳，阅读不仅是众多市民的个人乐趣、生活方式，亦成为一座城市高贵的坚持。深圳十几年如一日地推动全民阅读，这是对一种高贵的人文价值的坚守。深圳之所以能创造经济奇迹和文化奇迹，与人们保持着对阅读的巨大渴求、对知识的巨大热情息息相关，一个积累了丰富知识的城市一定能将知识转换成强大的创造力。

阅读，是可持续发展的关键。全民阅读，让深圳成为一座因热爱读书而受人尊重的城市，成为深圳兴旺发达、永续发展的一个重要动力。

一、阅读是城市最大的无形资产

联合国教科文组织代表罗西在谈到深圳的阅读与城市发展时有这样一个观点：对于一座城市而言，阅读是最有价值的投资之一，它投资的是城市的未来，代表了城市的气质和心灵，也是城市发展的支柱和动力，让城市有了无限可能性。

回顾过往，面向未来，深圳要有决心，把全民阅读和个人阅读培育成城市最重要的无形资产之一。这种无形资产和深圳精神，和深圳其他方面的经验是同等重要的。当一座城市把阅读作为最大的无形资产去培育，那么，城市的分量不是金钱可以衡量的，这样的分量将是举世所钦佩和瞩目的。那时的深圳，因热爱读书而受人尊重，市民沉浸在幸福之中，享受着阅读带来的心灵之乐、和美之乐、智慧之乐，以及开创事业的不竭动力。

如何把阅读作为最大的无形资产去培育？那就要在全社会强化对阅读重要性的认识。

习近平总书记多次在重大外交场合谈读书经历，推荐书单，展示的不仅是一种大国姿态，还有中华民族对阅读的态度。他强调要通过书籍去学习借鉴人类社会创造的各种文明，评价说东西方的许多名作不仅可读，更是已成为不同的文化和文明之间沟通的桥梁。他在接受俄罗斯媒体专访时还说："现在，我经常能做到的是读书，读书已成了我的一种生活方式。"

李克强总理曾在全国两会上说，书籍和阅读是人类文明传承的主要载体，用闲暇时间来阅读是一种享受，也是拥有财富。他希望全民阅读能够形成一种氛围，无处不在。我们国家全民的阅读量能够逐年增加，这也是我们社会进步、文明程度提高的十分重要的标志。他认为，把阅读作为一种生活方式，把它与工作方式相结合，不仅会增加发展的创新力量，而且会增强社会的道德力量……

国家领导人对于全民阅读的观点，不仅代表中国领导人的素养，也表达了中华民族对阅读的推崇和重视。只有像总书记和总理一样，把阅读作为人生、国家的重要事情看待，才能培育成无形资产。

你是一个公务员，在履行公职时，你是否有不断的道德滋养和新知识的获得去主导工作？你是一名教师，你在教学生的同时，有没有主动培养他们的阅读习惯，让他们真正受益终生，不断持续发展？你是一个打工者，你是否意识到知识是改变命运最重要的阶梯，在一天工作之余可以捧起书本，不仅得到心灵的慰藉，也对未来充满信心和憧憬？你是城市主政者，你要认识到阅读是最重要的可持续的关键，从而采取多种行之有效的举措营造良好的阅读风气，让更多的市民从阅读中受益……

全民阅读，需要全民的共同重视，需要全民在这样的共识中不断推动其深入发展，进而推动城市和市民的可持续发展。

二、阅读立法，保护每个市民的阅读权利

2015 年，在全民阅读中一直先行先试的深圳，再次创造了一个具有标杆意义的"第一"：2015 年 12 月 24 日，《深圳经济特区全民阅读促进条例》获深圳市人大常委会议通过，并定于 2016 年 4 月 1 日起实施。这是国内阅读推广领域第一部运用特区立法权制定的法规，将深圳阅读活动"深圳读书月"法定化，并将 4 月 23 日世界读书日确定为深圳未成年人读书日。

这个"第一"，是深圳在创造无数个"第一"之后又一

个辉煌的表现。这个表现，比一时的经济数据更可贵，是永恒的、与城市共存的传统，也是对市民阅读热情的肯定与回应。

深圳全民阅读的率先立法，历经千辛万苦，经过周密论证，做了大量的工作。这个率先，得益于全体市民丰富而生动的阅读实践，得益于联合国教科文组织给深圳的至高无上的荣誉——"全球全民阅读典范城市"，得益于深圳人的首创精神，得益于市人大对其的重视，得益于宣传文化部门和关心全民阅读的各界齐心协力的推动。

当很多人还不理解阅读立法的意义，甚至提出"阅读也要立法吗？""难道不读书还会犯法吗？"等疑问时，深圳没有受影响，而是全力推动。我们深知，阅读立法不是限制市民的阅读权利和阅读行为，而是为权利的实现提供保障和条件，是对每个市民阅读权利和城市阅读活动的法律保障，是为市民阅读提供更多更好的资源、产品和服务，其所明确和规范的是政府在全民阅读活动中的行为。那些把阅读立法理解为强制阅读的人不知道这一意义，就比如保护青少年的法律，并非强迫青少年做什么，而是让各界保护青少年。阅读立法，是对政府提出要求，不仅是约定，也是约束，而且是强制约束。有了阅读立法，与阅读有直接关联和间接相关的部门都必须提供政府资源以促进城市阅读，而这种促进是以每个市民的阅读权利为依归的。阅读立法的实质，就是保护每个市民的阅读权利、文化权利。

有了法律，就需要贯彻好。一方面，政府部门要带头遵守法律，更加自觉地利用法律，该出钱的出钱，该出力的出力，把阅读纳入各级政府的规划，以推动和促进深圳的全民阅读作为重要依归。另一方面，阅读立法保护了市民的权利，市民也要更好地行使阅读权利。立法的贯彻过程也是完善的过程，可以不断丰富和完善法律实践，需要市民和各界主动自觉声张立法的重要性，充分运用各种立法的条款，比如阅读基金、未成年人阅读的保障措施等，去推动法律的实施。

三、民间阅读组织是全民阅读不可取代的支撑力量

民间阅读组织的发展，符合阅读规律。人的阅读是多样化的，兴趣不同、爱好不同、人群不同，就有了民间阅读组织的存在空间和生长空间，让人们在个人阅读的基础之上，可以在阅读组织里切磋交流，同声相求，互相促进。这种促进，最后演变成对全民阅读的促进。

看一个城市的阅读深入不深入、繁荣不繁荣，关键看阅读组织的活跃程度和数量，及其开展活动的品质。所以，民间阅读组织是需要大力培育的，并且会进一步改变全民阅读的架构。民间阅读组织是群体阅读和个人阅读相结合的产物。群体阅读，是保持一个城市阅读积极性非常重要的延续方式，是阅读深化的最重要的途径，而个人阅读是最重要的基础，而且是最终的受益方。两者之间相辅相成，互相砥砺。而民

间阅读组织的存在，则在二者之间既穿针引线，又推波助澜，共同描绘出城市全民阅读的壮丽画卷。

深圳倡导并推动全民阅读，开展读书月，催生了众多的民间阅读组织。而今，风起云涌的阅读组织又在推动全民阅读的发展，他们从阅读的衍生物，变成全民阅读的骨干，成为不可取代的支撑力量。深圳涌现出 100 多个民间阅读组织，其中，青番茄、深圳读书会、三叶草故事家族、彩虹花公益小书房、后院读书会等在深圳乃至国内都颇有影响，尤其是深圳的亲子阅读发展势头迅猛，已成为中国亲子阅读的高地和引领者。然而，从更广泛的全民阅读来看，深圳应有更广阔的空间，努力推动民间阅读组织获得长远发展，使不同民间阅读组织在深圳自由健康成长。

放眼未来，在深圳这片全民阅读的热土上，越来越多的民间阅读组织破土而出，正在茁壮成长。广大阅读组织的发展壮大，还需要政府给予更多的关注与扶持。市、区、街道各级政府，深圳全民阅读指导委员会以及社会各界，都可以帮助其创造更好的条件，从资金、场地上给予支持，让一大批民间阅读组织充分发挥作用，进一步夯实城市阅读的基石。深圳读书月也有望从"社会参与、企业运作"发展成为"社会参与、阅读组织运作"。每年的读书月，会成为各种阅读组织争相绽放的平台，也成为国内外阅读组织相互交流的一个平台，越来越多的阅读组织成为各种读书活动的组织者，而政府，则成为全民阅读的"守夜人"。

民间阅读组织的力量，将决定全民阅读的蓬勃发展之势。我们期待，民间阅读组织可以犹如"红马甲"志愿者一样，闪现在深圳各个阶层、各个角落，成为这座城市随处可见的人文风景。我们希望每一个人都可以找到自己的阅读场合、阅读群体，进行阅读经验和阅读知识的分享，进行各自阅读才艺的展示，或辩论、朗诵，或清谈、演讲，让每个市民、每个阅读组织都散发出熠熠闪光的一面，构成蔚为壮观的深圳阅读场景，这才是深圳全民阅读长盛不衰的非常重要的根本。

四、让全世界知道，中国人热爱读书

2013 年 10 月 21 日，深圳被联合国教科文组织授予"全球全民阅读典范城市"称号。这一荣誉，是国际社会对深圳全民阅读和文化发展的认可，也激励深圳在全民阅读中的探索，可放眼全球，进一步参与全民阅读的国内、国际交流。

联合国教科文组织总干事博科娃在为深圳颁发"全球全民阅读典范城市"证书时说："深圳是全球唯一获得这个荣誉的城市，从中可以看到中国人对于全民阅读的重视和热爱。这个荣誉代表了中国人民热爱读书的形象。"在第十五届深圳读书月闭幕总结活动中，联合国教科文组织助理总干事班德林在深圳书城中心城与市民现场互动时，连续说了三遍"文化决定未来"。他说："当我来到深圳，来到书城，我问自己身处何方？我发现我身处未来，所以我的脑海里就有了'文化决定未来'的感慨。在这里，我看到了如此多读者尤其是年轻人专注在一本本书中，为知识而着迷，这表明这座城市有力量、有希望、有未来。"

经过十多年的发展，深圳的全民阅读已经走在全国乃至世界的前列，当一个城市的阅读取得这样地位的时候，一方面应深根固柢，以丰富的创意和持续的创新把阅读活动开展得更加有声有色；另一方面，要和国内、和世界的更多城市进行交流。

未来，深圳可加强全民阅读的国际合作，可争取和联合国教科文组织合作成立全民阅读的二级机构，同时探索建立全民阅读国际平台。走向世界、走向复兴的中国有这个能量，而深圳尤其在全民阅读方面具有话语权和决算权。依托这样的国际平台，可以看到更波澜壮阔的阅读图景，更可以借鉴各种各样的阅读榜样，获取更多的阅读信息，站在更高处看到城市的阅读发展方向，同时为国内的全民阅读做出贡献。

在条件成熟的时候，深圳可多召开国际性的阅读会议和交流活动。2014年，全球图书会议选择在深圳举行，由联合国教科文组织、深圳读书月组委会和华强集团参与主办，聚焦"数字图书与未来科技"主题，探索未来图书产业的发展方向，成为深圳汲取科技文化、加强对外联系交流的高层次文化盛会。而此次会议也是2013年在深圳举办的"图书和知识产权深圳会议"的延续。

这样的多元交流，是文化建设的应有之义，也是一个重要的努力方向。从文化主权的角度看，文化主权与民族复兴是同步发展的。中华民族伟大复兴的本质是中华文化的复兴。现在，国家之间的综合国力和软实力竞争，是通过城市群的竞争来实现的。如巴黎之于法国、纽约之于美国、东京之于日本，这些世界性的超级大城市群，都代表了国家软实力的竞争。深圳，既是我们中国人热爱学习传统薪火相传的一个优秀代表者，又可作为中华民族中一个热爱学习和阅读的城市闻名于世。

五、以书为公共元素，以阅读改造城市公共空间

因为有深圳书城中心城、深圳图书馆等这些坐落在中心区的文化院落，深圳的 CBD 有一个充满书香意味的解读，"B"也被理解为"Book"，即"书"，而这也让我们看到了，公共阅读空间在城市里扮演的独特角色。

现在，深圳市区有了深圳书城中心城、罗湖城、南山城等位列国内前十的巨大书城。近年来，简阅书吧、麒麟书吧等各类特色书吧星罗棋布，深圳书城宝安城等也相继落成，"一区一书城"的愿景正在成为美好现实。阅读与衣食住行一样，正成为我们的生活方式，成为生命中不可或缺的东西。如果深圳的十个区都能有一个以书城为中心的文化综合体，生活在不同角落的人们都可以在家附近享受书城模式和书城

生活，那会是很了不起、很美好的一件事。在各种文化中，阅读发挥的是基础作用、核心作用。在阅读空间的建设中，需要政府从公共设施、空间、硬件、软件等多方面予以扶持，除了书城、书吧和图书馆建设，包括图书购置经费，都应给予必要的保障。

2015 年，深圳图书馆入围市长质量奖。这是公共文化服务机构第一次入围，这是一个标志，是一个重大突破，也代表了深圳市政府一种超前的眼光。以前，当我们谈质量奖，主要是谈某个企业、行业的产值和领先作用，当一个城市把图书馆作为市长质量奖来予以奖励，体现了一种非凡的境界与眼光，希望深圳可以把这种眼光放到更扎实的文化建设之中。深圳正在建设"图书馆之城"，图书馆要建设好，管理服务要融入创新创意，努力营造全民"悦"读的美好空间，让遍布全市的各类图书馆物尽其用，成为市民乐而忘返的场所。

此外，以阅读改造城市公共空间，让阅读在城市空间的建设、改造和提升中发挥积极作用，可以学习借鉴诚品书店的做法，让书成为公共元素，进入酒店、进入社区、进入咖啡馆等，让城市到处流淌书香，让书随处可见，让阅读无处不在。

> ## 热爱读书的民族必将自强于天下

　　在这个世界上，有两件事最积德：第一是劝人行善，第二是劝人读书。这两件事既积社会之公德，又积私人之美德。仔细观察古往今来的历史，哪一个圣人哲人不是劝你读书，哪一个会说读书不好？如老子《道德经》所言："重积德则无不克。无不克则莫知其极。莫知其极可以有国。有国之母，可以长久。是谓深根固柢，长生久视之道。"阅读的重要意义莫过如此。**读书是一种"致良知"的行为。**

一

　　中华民族文明何以历久不衰并且日益壮大？这与中华民族形成了一种对学习、阅读的推崇有关。《论语》以"学而时习之，不亦说乎"为发轫之辞，绝非偶然。没有一个民族像中华民族这么重视读书，这么刻苦。"忠厚传家久，诗书继世长"，中国人一直把阅读当作和生命一样重要的东西。中华文明源远流长，很重要的原因就是其自强不息的学习精神。几千年来，中华民族传承下来的书籍典藏浩如烟海，勤学善学精神更是一脉相承。从孔子的"学而不思则罔，思而不学则殆"，到杜甫的"读书破万卷，下笔如有神"；从于谦的"书卷多情似故人，晨昏忧乐每相亲"，到苏轼的"发奋识遍天下字，立志读尽人间书"；从"凿壁借光"到"囊萤映雪"，对书本的热情、对阅读的推崇以及读书之刻苦，从中可见一斑。

对于民族而言，**热爱读书的民族必将自强于天下。强国自国民始，高文化素质的国民自教育始，教育自读书始。凡是有着强大创造力和百折不挠精神的民族，都是热爱阅读的民族**。纵观世界上的优秀民族对阅读的追求，我们可以发现阅读对于民族和国家的意义所在。以色列人、美国人善于创新，德国产品最经得起考验，日本是最善于接纳外来文化的民族。为什么这些国家和民族都擅长于创新？当我们了解到他们的阅读指数，他们人均读多少书时，你就知其所以然了。以色列每年人均读书 64 本，俄罗斯每年人均读书 55 本，日本每年人均读书 40 本，法国每年人均读书 20 本，韩国每年人均读书 11 本，匈牙利每 500 人就有一座图书馆。而在酷爱读书的德国，无论是在公园草坪上，还是在地铁车厢内，都不难见到德国人静静读书的身影。**在创新和发展的背后，是默默无闻的阅读，在发挥着根本性的作用，这也是民族素质和民族精神的展现。**

二

对于城市而言，阅读是城市前行与发展的重要动力。一

座城市强大的学习能力、创新能力、创意能力、创造能力，都与阅读密切相关，无数大胆的设想和创意都来源于持续阅读与勤学善学。从深圳来看，这是一座新兴城市，曾经浮躁、拜金，有很多与之俱来的急功近利的行为，但是，深圳又是较早具有文化自觉的城市，在 2003 年就提出"文化立市"战略，大力推动全民阅读，通过近 20 年的高贵坚持，让这座城市赢得世人的尊重。今天的深圳，已成为一座文化创意勃发的中心城市，犹如一片郁郁葱葱的"文化绿洲"。

在回顾深圳的文化发展历程时，人们可以分析诸多原因，说出众多特点，但是，我们绝对不能忽略一个事实，那就是，这些闪亮的成绩单和阅读之间有着息息相关的密切联系。试想，一个城市如果没有崇尚阅读的风气，何来崇尚文化？一个城市如果没有良好的阅读氛围，何以培育自己的人才，吸引外来人才？一个城市如果没有生发阅读气象，又何以能以大气压制浮躁，以优雅驱逐粗俗，培育知书达理的市民？而人们在事业发展、创业成功时，如何诗意栖居、优雅生活？从中可见，阅读的重要性不言而喻。

三

对于个人而言，阅读是人们进步的阶梯和圆梦的路径。阅读不仅是梦开始的地方，可以点燃人们的智慧和梦想，同时，阅读又是圆梦的地方，人们可从阅读中获得强大的精神动力和行动激情，实现灿烂梦想。

在深圳，我们可以找到无数个因为阅读而改变命运的人。五湖四海怀揣梦想的移民在艰辛的工作生活环境中不忘自己的梦想，不忘勤奋读书，通过自身的不断努力，一步步走向通往成功的阶梯。想改变命运吗？必须阅读！每个人的梦想如何产生和实现，阅读都是很重要的途径，而且这种可持续不是痛苦的可持续，当你真正把读书看成生活的一部分时，你是快乐的。读书给我们的是心灵和精神上的快乐，这种快乐，非天然所能至，而要进行后天的熏习。同时，只有通过读书，才能真正培养人的科学精神、理性精神和人文精神。

四

读书，不仅关乎一个人的成长进步和内心的快乐丰富，关乎一个城市的活力与创造力、一个民族的强盛，更重要的是，它还关乎人类的可持续发展和未来的无限可能。全民阅读，不仅可以让人们在持续的阅读和学习中汲取智慧，其书香还潜移默化地雕塑着一个国家和民族的精气神——通过阅读，尊重知识、崇尚文化、追求文明的文化气象正在升腾；通过阅读，积极乐观、与人为善、和睦和谐的社会氛围日渐形成；通过阅读，知书达理、勇于创新、不断进取的中国人，将进一步夯实民族的文化根基，创造一种高尚的文明样式。

我相信，在阅读的星空下，我们将更加诗意地栖居！

> 全球全民阅读典范城市的时代风采

2018 年 10 月，中国社会科学院与联合国人居署联合发布了《全球城市竞争力报告 2018—2019——全球产业链：塑造群网化城市星球》(以下简称《报告》)。《报告》显示全球城市竞争力前 10 强为：纽约、洛杉矶、新加坡、伦敦、深圳、圣何塞、慕尼黑、旧金山、东京和休斯敦。中国城市竞争力水平整体提升，深圳位居第 5，香港、上海、广州和北京进入 20 强。

城市竞争力是城市参与全球化竞争与发展的重要指标。2008 年深圳居全球城市竞争力排行第 20 位，2015 年上升至第 6 位，2018 年再上升 1 位进入前 5 强，充分显示深圳近十年在全球城市体系及序列中的迸发之姿和崛起之势。根据国家 2019 年发布的《粤港澳大湾区发展规划纲要》，深圳作为四大中心城市之一，担当区域发展核心引擎，"加快建成现代化国际化城市，努力成为具有世界影响力的创新创意之都"成为城市发展目标。

创新是城市竞争力的核心要素，是可持续发展的关键。2018 年《中国城市竞争力报告》将"创新力"列为深圳的核心竞争力。**创新驱动发展，文化驱动创新，是什么驱动文化？** 2019 年 4 月 16 日，中国新闻出版研究院首次发布城市阅读指数排行榜，深圳在城市阅读指数、城市个人阅读指数和城市公共阅读服务指数三个榜单中均位居榜首。**回溯深圳建市 40 年的发展历程，城市强大的学习能力、创新能力、创意能力、创造能力与阅读密切相关，无数大胆的设想和创意都来源于持续阅读与勤学善学，支撑这座城市创造了巨大的经济奇迹和文化奇迹。**阅读培植文化、驱动创新、培育人才，推动城市递进式发展、螺旋式上升，是城市竞争力的关键要素。当前，"现代化、国际化""创新、创意"仍是深圳发展的关键词，如何通过加强阅读能力培养进一步提升城市竞争力，是深圳全民阅读在下一个十年需要探索的重要课题。

一、城市竞争力要素分析

城市竞争力是城市在合作、竞争和发展过程中，与其他城市相比较，所具有的吸引、争夺、拥有、控制、转化资源和争夺、占领、控制市场，更多、更快、更有效率、更可持续地创造价值，为其居民提供福利的能力。根据《报告》相关研究，城市竞争力可以形象地概括为"弓弦箭的"模型，城市资源要素和环境有软、硬件之分，分别代表人才、科技、资本、制度和文化等，硬件为"弓"，软件为"弦"，城市产业是"箭"，城市价值是"的"。[①]建设城市的基础设施环境，

---

① 倪鹏飞,赵璧,魏劭琨.城市竞争力的指数构建与因素分析:基于全球 500 典型城市样本[J].城市发展研究,2013,20（6）:72-79.

扩大城市总体软联系，在这一基础上，着重提升城市的产业体系、人力资本、科技创新和金融服务水平，可以从根本上最快、最有效地提升亚洲城市竞争力。[①]

城市竞争力要素可大致分为三个类别，硬实力要素、软实力要素和发展性要素。

第一，硬实力要素体现了城市对资源要素的控制力，包括产业结构、科技水平等。随着全球城市化进程不断加速，中国常住人口城镇化率已经达到 58.52%，经济集聚、人才争夺与产业迁移是当前中国城市发展的主要特征。经济发展提升城市基础设施和城市环境，带动人才的跨地区流动，人才集聚依赖于产业结构，从而带动城市发展。据相关研究，中国城市科技创新发展指数与城市经济发展水平呈现显著的正相关关系，城市经济发展水平越高，其科技创新发展水平越高。[②]科技创新环境、科技活动投入和产出、高新技术产业化等构成了城市综合科技创新水平，实现了城市资源要素的高效配置。

第二，软实力要素主要体现在城市的文化、制度和社会环境，决定城市的影响力、凝聚力和号召力。全球知名的城

---

① 倪鹏飞,徐海东,沈立,等.城市经济竞争力：关键因素与作用机制——基于亚洲566个城市的结构方程分析[J].北京工业大学学报（社会科学版），2019,19（1）：50-59.
② 来源：《中国城市科技创新发展报告2017》，由首都科技发展战略研究院发布。

市评级机构GaWC^①在衡量城市综合实力时，在城市经济增长指标的硬指标体系基础上，将包含文化资产、文化领导力等同理心指标与之结合，使城市实力衡量体系更加完善，并指出"文化工作，是最能表达创意和同理心的；文化是使人类智慧得以绽放的根本""那些在文化上投入、培养情感智商，以及推动国际交流的城市，将更有能力应对严重的全球性挑战"。

文化软实力是城市核心竞争力的重要组成部分，在城市竞争中发挥决定性作用。文化提供支撑国家创新战略的核心价值，是创新的根本推动力，也为创新设置边界，注入人文关怀。中心城市的文化主张同时是国家文化最有代表性、最有活力的载体，在参与国际文化交流、对话全球主流文化、加强文化话语权方面发挥着领航作用。城市发展的全球化气候已经形成，文化则是土壤，文化的差异决定了城市生态是否健康稳定地持续焕发活力。

第三，发展性要素是耐久性的、动态的、有机的要素，是竞争力的表现结果，同时也形成有利的竞争力资产，包括人才资本、创新力等。从国际上看，创新成为经济体提升国际竞争力的重要引擎，许多创新中心城市依据其发展特色迅速崛起成为国际创新城市网络中的重要枢纽或节点。国际研究机构非常重视对新创企业及其发展的评价与测量，将其作

---

① 全球化与世界级城市研究小组与网络（Globalization and World Cities Study Group and Network）

为衡量地区经济发展水平、经济发展活力、经济发展质量以及经济发展潜力的重要指标①。习近平总书记指出，"在激烈的国际竞争中，唯创新者进，唯创新者强，唯创新者胜"。创新是引领发展的第一动力，建设创新型城市是推进国家创新体系建设的关键环节，城市的创新思维、创新环境、创新能力是重要的发展性要素。

人才是创新活动中最为活跃、最为积极的因素，创新驱动的实质是人才驱动。城市渴求人才，尤其是青年人才，因为青年人既能提供巨大的需求动力，又是创新创业的主力军。高端人才集聚是提升竞争力的有利资产，人口争夺尤其使人才大战成为城市竞争的新形式。

二、阅读能力培养对城市竞争力的影响

（一）世界级城市的竞争力与阅读能力成正比

全球城市竞争力强劲的世界级城市通常是人们公认的爱读书的城市，比如伦敦、新加坡、东京。在伦敦，利用公交出行时间阅读已是城市居民的日常习惯，伦敦地铁"丢书大作战"活动曾经在全球引发热潮。英国出版业繁荣，伦敦书展作为国际四大书展之一，已有 30 多年历史，每届展会集聚40 多个国家、1400 多个参展商，是全球书业最重要的春季盛

---

① 王京生,陶一桃.中国双创发展报告（2017—2018）[M].北京：社会科学文献出版社,2018：2.

会。伦敦公共图书馆体系发达，全市有 383 个公共图书馆，平均每 10 万人拥有 4.7 个公共图书馆。

在一项"全球人才竞争力指数"[①] 调查中，新加坡连续 5 年在全球位列第 2，也是前 10 名中唯一的亚太国家。据调查，新加坡每 10 名青少年当中，就有 7 名青少年每周阅读超过 1 次；91% 的受访青少年过去 1 年来至少阅读 1 本书；未成年人阅读率高，体现了城市优秀的阅读习惯，也决定了未来国民阅读良好的发展趋势。"儿童启蒙阅读计划"也是新加坡一项全国性的运动，旨在培养和鼓励小孩，尤其是低收入家庭的孩子养成爱读书的习惯。全国设有 100 多家"儿童启蒙阅读计划"俱乐部，包括学生、各界人士在内的义工达 5000 人。

东京是创新力首屈一指的国际都会。2018 年全球创新城市指数[②] 显示，东京排名第 1（其次是伦敦和旧金山）。东京拥有 226 家公共图书馆，平均每 10 万人拥有 2.5 个图书馆，曾拥有 1400 多家书店，是世界上实体书店与人口数比例最高的城市之一。

（二）深圳在城市高速发展期注入全民阅读因子

深圳是中国最年轻的城市之一，建市仅 40 年，却是全球城市竞争力排名前 10 强中唯一的中国城市，也是唯一获得

---

① Global Talent Competitiveness Index, GTCI，由 Adecco 集团、欧洲工商管理学院和塔塔通信公司在达沃斯世界经济论坛联合发布。
② 澳洲 2thinknow 公司研究发布，指标考量涉及文化资产、人力基础设施和网络市场。

"全球全民阅读典范城市"殊荣的城市。联合国教科文组织为深圳颁发证书时这样评价：深圳在全民阅读方面所做的种种努力让人印象深刻，一系列做法和经验对联合国教科文组织都很有启示。授予深圳这一称号，是为了表彰深圳坚持不懈推动国际化建设和全球文化交流合作，尤其在推广书籍和阅读方面为全球树立了典范。

当前，深圳居民人均阅读纸质书每年 7.23 本，电子书 11.21 本，日均阅读时长 64.56 分钟。深圳图书馆常年座无虚席，深圳书城人头攒动人气极高，书香人家受到尊崇，藏书家庭及家庭藏书量不断增加。深圳人越来越普遍地认同读书的重要性，98% 的居民认为阅读比较重要或非常重要。全市拥有 150 多个民间阅读组织，公益阅读推广人近 1300 名，活跃在城市各个阶层、各个角落。[①] 阅读影响人，人影响城市。当阅读成为深圳人的日常生活方式，也深刻地影响了一座城市的精神气质，成为城市焕发巨大创造力的源头活水。阅读强化了深圳人对城市的归属感和身份认同感，彰显了城市的文化追求与人文价值。"深圳样本"提供了一个以全民阅读推动城市发展的典型范例。

第一，深圳大力加强阅读主阵地建设，拓展和丰富阅读空间，通过阅读改善城市风貌，营造了文明、智慧、友好的城市环境。为确保市民共享文化成果，深圳在全国率先实行

---

① 数据来源：2018 年深圳阅读指数研究报告。

美术馆、图书馆、博物馆、文化馆等公共文化场所向公众免费开放，推进文化权利均等化。深圳最早实现中国"每 1.5 万人拥有一个社区图书馆"的目标，如今全市共有 650 家公共图书馆，244 台 24 小时自助图书馆（图书机），平均每 10 万人拥有 7.2 个图书馆，在国际城市中遥遥领先。全市有 5 座超大型书城，42 家连锁书吧，民营书店 130 多家，未来将完成"一区一书城、一街道一书吧"布局，建成 10 座书城、100 个书吧、1000 个智能书栈。城市"十分钟文化圈"基本形成，为市民提供复合式、一站式的阅读文化生活中心。超过 70% 的深圳居民对城市公共阅读资源和环境比较满意或非常满意，基本满意以上者超过 97%。①

第二，全民阅读是国家战略，也是深圳公共文化服务的重要内容，是深圳增强文化软实力的有力抓手。2000 年，深圳领风气之先首创"读书月"，首次在全市范围内集中开展全民参与的阅读文化活动，从阅读出发，不断实现市民的文化权利。2016 年，《深圳经济特区全民阅读促进条例》正式施行，为中国的城市阅读立法开启先河，厘清政府、社会、市民三者之间在阅读推广参与方面的关系，保护每个市民的阅读权利，为建立全民阅读长效机制进一步提供法律保障。深圳读书月现已成为城市十大文化名片之一，建设"深圳学派"，打造图书馆之城、钢琴之城、设计之都的"两城一

---

① 数据来源：2018 年深圳阅读指数研究报告。

都"，举办关爱行动、创意十二月等品牌活动等，让深圳成为郁郁葱葱的"文化绿洲"。2018年，深圳文化创意产业增加值超2600亿元，全市生产总值占比超过10%，成为城市支柱型产业，体现了城市强大的文化实力。

第三，阅读培育城市创意创新精神，创新给了深圳信心和力量，为城市可持续发展提供新动能。作为国家首个创新型城市，深圳培育了具有城市特色的"创新型文化"，赢得创新之城、全球最佳创客中心等美誉。中央"大众创业、万众创新"号召发出后，深圳各书城、图书馆、阅览室的读者成倍增加，这里成了他们谋求"双创"良策的首选之处，求学问道蔚然成风。2017年深圳引进入户人才23.37万，同比增长35.67%，人才聚集在IT信息、先进制造、金融等战略支柱产业，专业化趋势明显。尊重知识、崇尚智慧的社会风尚涵养城市的精神气质，构建了一种崇高的精神生活。"改革创新是深圳的根、深圳的魂""来了就是深圳人""让城市因热爱读书而受人尊重""鼓励创新，宽容失败"……这些观念越来越深入人心。

人才汇聚步伐加速，多元文化持续加强，深圳以移民文化为基础，以制度文化为保障，构建了优良的文化生态，为改革创新提供了一片沃土。2018年全市企业共申请专利22.8万件，授权量14.0万件，PCT国际专利申请18081件，在全国持续领先。2018年，《中国城市竞争力报告》将创新力列为深圳的核心竞争力。

纵观深圳的发展史与阅读史，城市因阅读而美好、因阅读而强大、因阅读而高贵。深圳推动阅读二十载，在城市高速发展的关键期注入了全民阅读的因子，犹如城市擘画蓝图的点睛之笔。用阅读来平衡经济和文化发展，让城市居民切实分享发展的红利；用阅读来提升城市软实力，让城市建设者切身感受深圳文化的开放性和优越性；用阅读激活城市强大的创造力，成为城市发展永续不断的生命之源。

（三）阅读推动城市发展，是城市竞争力的关键要素

通过以往的城市阅读和发展经验，我们不难看出，阅读关乎城市竞争的姿态、实力和生命力，在推动城市创新发展、提升文化软实力、优化城市基础设施和社会环境等方面积极提供助力。

第一，阅读拉动创新引擎，积累人才资本，激活城市竞争力发展性要素。**从全世界范围来看，阅读指数和创新指数高度重合，两者成正比**。比如，世界创新能力最强的国家是以色列，它是创新成果最多、转化率最高的国家，同时也是全世界人均读书量最高的国家，人均每年读书是 64 本。在 2018 全球创新指数排名前十的国家中，瑞士连续 6 年名列第1，北欧占了三席[①]。欧洲国家年人均读书量约为16本，北欧国家达到 24 本。由此可见，**国民阅读率决定了国家创新力**。

---

① 2018 年全球创新指数前十名国家包括：瑞士、荷兰、瑞典、英国、新加坡、美国、芬兰、丹麦、德国和爱尔兰。数据来源：全球创新指数（GII）排行榜，由世界知识产权组织（WIPO）、美国康奈尔大学、欧洲工商管理学院联合发布。

城市能否可持续发展，能否不断地迸发思想活力，就看这座城市有多少人坐在图书馆里，多少人买书和研究问题。阅读激活城市的创新思维，拥有对阅读的巨大渴求、对知识的巨大热情，一座城市积累的丰富知识一定能转换成强大的创造力。

在可持续发展中，最重要、最根本的是人的可持续，那么，人的可持续靠什么来实现呢？阅读最为关键。通过阅读，可以传承文明、博古通今；通过阅读，可以思考问题、破解难题；通过阅读，可以提升创造力和文化品位，为人才的可持续发展注入强大的力量。一座崇尚阅读、推动阅读的城市尊重人才、吸引人才、培育人才、成就人才，必然是最好的人才孵化器。因此可以说，阅读决定每个人的可持续发展。阅读，是最好的可持续。

第二，阅读转化为城市重要的无形资产，提升文化软实力。阅读文化是时代文化的反映。无论是一个国家、一座城市，还是一个市民，都要有观念的引领，文化提供了与时俱进的观念支撑。习近平总书记多次在重大外交场合谈读书经历，推荐书单，展示的不仅是一种大国姿态，还有中华民族对阅读的态度，面向世界展示了一种文化自信。"文化自信，是更基础、更广泛、更深厚的自信"，没有深植的文化根脉和全民受惠的文化大同，就没有更持久、更深层的文化信仰的力量。"实现市民文化权利"是深圳在全国率先提出的文化理念，是"深圳十大观念"之一。阅读是一个公民应该享受并受到保护的最基本的文化权利，也是重要的无形资产，积累沉淀铸就一个城市的文化实力。

城市以阅读为抓手，通过文化资源的有效调配保证市民文化权利的充分实现，建立全覆盖、普惠型的公共文化服务体系，推出实在的惠民工程、多样的利民举措、丰富的便民活动，使每个市民都拥有享受文化成果的权利、参与文化活动的权利、开展文化创造的权利和文化选择的权利。对于城市而言，阅读涵养了城市的文化根基，增强了城市的文化自信。

第三，阅读改善城市面貌，促进文化交流，扩大城市软联系。**书店是城市的灵魂，阅读者是城市最美的风景。** 随着阅读逐渐成为城市居民的生活方式，也带动了文化消费的品位升级。精美的阅读空间、优质的阅读服务、智能化的阅读设施、高素质的阅读人群、精品化的阅读资源，构成了现代化城市的公共文化生活。城市通过阅读提升硬件设施和基础环境，阅读成为"智慧城市"生态系统必不可少的有机元素，促进城市质量的提升。

阅读是城市最好的名片，为城际交流和国际交流提供了文化媒介。近年来，深圳荣获联合国教科文组织"设计之都""全球全民阅读典范城市"称号，被国际知识界评为"杰出的发展中的知识城市"，靓丽的文化名片彰显了城市的核心价值，展示城市与国际对话的开放姿态。联合国教科文组织发起"国际图书年""世界图书之都""走向阅读社会""全民阅读""世界读书日"等项目、倡议，志在全世界范围内搭建阅读交流的平台，推动人类阅读事业。文化是流动的，在流动中发展，在融合中前进，越包容的城市，文化就有越广阔的发展空间，城市发展才能大有作为。

三、加强阅读能力培养，提升深圳城市竞争力

阅读能力培养，之于个人，是实现人生价值的立身之本；之于城市，是驱动创新发展的动力之源。一个城市的阅读能力培养，名在培养能力，实为培植观念、培育文化、养成实力、生成动力。

深圳因观念领先而闻名全国，其崭新的文化形态、强大的文化实力、一流的公共文化服务以及被世界所广泛接受的创新能力、创意能力、学习能力，都日益清晰地展示在世人面前。随着全球化竞争日益激烈，深圳要完成国际化创新型城市的建设目标，务必要进一步加强阅读能力培养，以满足人民美好生活需求为出发点和落脚点，依法保障市民阅读文化权利，在坚持培育书香城市浓厚阅读氛围和良好阅读习惯的基础上，深入推动深圳全民阅读工作走内涵式、质量型发展道路，提升市民阅读水平，夯实城市文化底蕴，促进城市创新发展。

第一，以阅读驱动创新文化。创新观念不仅仅是风尚的演变，更是价值的流变。深圳经济特区之所以能在中国改革

开放中异军突起、大放异彩，原因固然很多，但敢闯敢干、杀出一条血路等极具创新意义的价值观念无疑是其中的根本。当前，创新仍是新时代新形势下"深圳精神"的内核。深圳不断提出"深圳学派""文艺深军""书法深军""深派曲艺""深圳文化菜单"等概念，深耕"深圳学派建设""深圳文学季""深圳读书月""创意十二月"等大型文化工程和文化活动，彰显城市创新思维和品牌意识，弘扬城市精神和价值观，将审美趣味和艺术品位融入市民美好生活。深圳是中国十大数字阅读城市之一，鼓励阅读载体创新，发挥高新技术先锋城市的先发优势，大力扶持、推广新阅读，运用数字技术不断生产新内容、打造新平台、推广新活动，积极营造城市创新环境。通过深圳读书月、"图书馆之城"建设、"世界读书日"、大型书展会展以及民间读书会等阅读推广活动，重视创新意识与创新能力的培育，积极搭建形式多样的创意展示平台，鼓励广大市民发散思维、勇于创新，充分释放城市的创造力。

第二，以阅读促进人才培养。从受过高等教育的人口占城市人口比重来看，东京、洛杉矶、巴黎均高于40%，香港、伦敦、纽约均在30%左右，而深圳仅为17%。深圳作为国内移民城市，常住外籍人口总量及比例都较低，尤其知识型人才的国际化程度不高，长远看来不利于城市创新文化的持久保持。深圳人的平均年龄仅为32.02岁，是最富有求知精神和学习能力的年龄阶层，建设学习型城市、倡导终身学习是提升人才素养的重要手段。阅读要服务于学习型城市建设，深度参与全民终身学习活动，以打造"图书馆之城"、国际一流书城群和数字阅读先进城市为载体，丰富社会学习资源，形成完备便捷的学习服务体系。继续强化"以读书为荣、以读书为乐、以读书为用"的阅读理念，倡导每天阅读一小时，倡导深度阅读，让阅读作为城市居民日常生活的必需品和终身学习的有效工具。勇于求知、探索和挑战自己，是深圳人非常突出的优秀特点，也是深圳宝贵而崭新的文化传统。当越来越多的人都怀揣梦想、勇于学习，永远追求未来的价值，永远在提高自己的学习路上，这座城市将获得可持续发展的最重要动力。

第三，以阅读提升市民素养。强国自国民始，高文化素质的国民自教育始，教育自读书始。深圳为全面提升市民文明素养，为城市改革发展提供强大的人力资源支撑，开展"修心""养德""守法""尚智""崇文""健体"六大行动。修心、养德、崇文、尚智，历来为读书人所追求。庄子曰，"夫子德配天地，而犹假至言以修心"。阅读经典、博览群书，能净化心灵，明理修身，提高道德修养，提升文化水平与人的思想和智慧。个人阅读能力和文明素养往往是相辅相成的，善读书必然博学、善思、卓尔不群，而一个灵魂高贵的人必然也深谙阅读之道和阅读之美。阅读是教育的有益补充。未成年人是城市的未来，城市应该从战略发展高度上积极推动未成年人阅读和儿童早期阅读，坚持少儿优先，培养家庭阅读氛围，增加校园阅读课程、阅读通识教育，培养阅读习惯、培育阅读能力从未成年人抓起。此外，读书贵在持之以恒，阅读也应该是一个长期的事业。深圳全民阅读开展至今已二十年，陪伴了一代人，影响了一代人，在一代新深圳人心中埋下了阅读的种子，即为一座城市奠定了一块文明的基石。

第四，以阅读完善公共文化体系。阅读是市民应该享受并受到保护的基本文化权利，保障市民的阅读权利是政府和全社会共同担当的文化责任。深圳市民"十分钟阅读圈"已基本建成，然而对比国际先进城市仍然存在着差距，基层图书馆利用率不高，原特区外书城人气不足，实体书店尤其是民营小书店逐渐萎缩……阅读生态是反映城市公共文化体系的晴雨表，深圳致力于构建高质量、全方位、创新型的城市公共文化服务体系，全民阅读是重中之重。深圳全民阅读应进一步优化阅读资源配置，加大基础公共设施覆盖率，健全文化市场的竞争机制，平衡原特区内与外、不同人群阅读需求，解决区域差异和群体差异问题。通过阅读关爱解决来深建设者、城市流动儿童等困难群体的阅读需求，丰富他们的文化生活，提高获得感。

第五，以阅读促进国际交流。作为"全球全民阅读典范城市"，深圳在全民阅读中的探索可放眼全球，积极参与国内外交流，纵览更波澜壮阔的阅读图景，站在更高处看到城市的阅读发展方向，也可为中国全民阅读进一步做出贡献。

未来，深圳可加强全民阅读的国际合作，探索建立全民阅读国际平台，召开国际性的阅读会议和交流活动。一方面可邀请更多国际城市、国际阅读机构与专家学者参与深圳读书月、图书馆之城建设、文博会及书展活动，与深圳各界就城市阅读文化活动的经验进行深度交流；另一方面，深圳也可以走出去，与阅读走在前列的国家和城市合作开展全民阅读活动，在学习借鉴与沟通交流中进一步提升自身的全民阅读水平。

深圳是较早具有文化自觉的城市，在 2003 年就提出"文化立市"战略，领先的文化自觉构筑起坚固的文化自信，深圳的经济奇迹就必然助推文化的起飞。深圳人的移民属性为城市带来全国乃至全球的文化基因，文化的流动、碰撞和融合，产生巨大的裂变力量，推动城市创新和发展。而在这一切的背后，阅读发挥着根本性作用。**深圳人带着理想、热情、智慧和担当，脚踏实地地推动全民阅读，于无声之中润化心灵，以大气压制浮躁，以优雅驱逐粗俗，让这座城市因热爱读书而赢得了尊重，也赋予深圳未来跻身全球一流城市深厚的自信和力量。**

全民阅读丛书
·名家系列·

·第二辑·

理念篇

观念的力量：让城市因热爱读书而受人尊重

> ## 观念的力量

　　2010 年 8 月，深圳经济特区在建立 30 周年之际，举办了"深圳最有影响力十大观念"评选活动，引起了全社会的广泛关注。经过两个月严格认真的筛选，"时间就是金钱，效率就是生命""空谈误国，实干兴邦""让城市因热爱读书而受人尊重"等入选"深圳十大观念"。

　　在我的印象中，一座城市以"观念"为主题开展评选活动，这在全国为数不多。这场声势浩大的评选活动之所以产生广泛影响，在深圳这块改革开放的热土上诞生的"十大观念"之所以受到普遍认同，其根本原因在于这些观念唱响了改革开放的时代最强音，凝练了意气风发走向改革开放的全体中国人民的共同记忆，昭示着一部波澜壮阔的中华民族的伟大复兴史因此展开。这些观念不独属于深圳，它是时代留存的共同精神财富。

一

　　解读一座城市可以有多个角度。迄今为止，研究者主要是从历史、经济、政治、社会、民俗等方面研究城市，还没有从观念角度解读城市的著作。**事实上，用"观念"解读城**

市，是把握城市本质的一个很好的视角。如果把一座城市比作一部大书，那么，"观念"则是这部书的精神主旨；读懂一座城市的"观念"，才算真正了解这座城市。

一般而言，"观念"作为精神文化的核心、人群意向的集中表述，普遍存在于城市之中；城市所在，"观念"亦在。当人们徜徉在城市中观赏着楼宇街市、车水马龙、攘攘众生的时候，他们就是在"阅读"这座城市，如果可能的话，也可以从中看到城市的"观念"，尽管"观念"既寓于物中又超乎物外。

回望中国古都，看其当时的布局和形制，也离不开"观念"。"礼制"观念即中国古都的一个精神内核。《周礼》是儒家经典，相传为西周时期的著名政治家、思想家周公旦所著，深刻影响着古代政权的运作安排，不仅规定了国都地点的选择，还规定了九畿制度、居民组织、沟洫道路、寝庙车马等，都城都是高墙环绕，网格状结构层次分明，阶层区分严格明确。在这里人们可以看出，古都西安、洛阳、开封、南京、北京等在当时无疑就是"礼制"观念的外化。在现代城市中，"观念"更是随处可见，当人们看到富庶的阿姆斯特丹人满街骑着自行车时，也就看到了这座城市的绿色理念或环保观念；当人们看到哥本哈根人在超市里购物都是自觉排队刷卡付款而不见任何收银员和警报器时，也就看到了这座城市的信任而大度的人文观念。

由此可知，"观念"是城市的灵魂，是城市的思想单元，存在于所有城市中，这是各种城市"观念"的共性、普遍性，是"用'观念'解读城市"的逻辑前提；另一方面，各种"观念"迥异，有的影响全球，有的仅安于一隅，这就是各种城市"观念"的个性、特殊性，是"用'观念'解读城市"的更深层界定。

"深圳观念"具有鲜明的特殊性。试想，世界的城市何其多，而以某城市名作前缀称"某某观念"的，却又何其稀有。那么，为什么"深圳观念"会独领风骚？

"深圳观念"之特殊，在于深圳经济特区之特殊。在世界上，有一类非常特殊而稀少的城市，是应名而生的，或者说是被"设计"出来的。这类城市的产生和发展是为了承担某种特殊的政治使命，实现某种特殊的功能，城市建设都在既定的"观念"主导下启动和发展。在灌木荒地中建造的美国首都华盛顿固然是美国南北双方斗争和妥协的结果，但更是美国民主法治精神的杰作；同样是在荒野上建成的巴西首都巴西利亚，充满了现代理念的城市格局、构思新颖别致的建筑以及寓意丰富的艺术雕塑，它是发展主义思想的力作。而我国的深圳经济特区正是这类城市的典型。在深圳经济特区诞生之前，其特殊使命及功能定位就已经确定，其"观念"也由此萌动。深圳头顶"出口加工区""试验田""窗口""排头兵""示范区"等特有名分，肩负着开辟中国特色社会主义道路的历史使命，以特殊的政策体制和地缘经济为载体，在矢志不渝的伟大实践中熔铸着"深圳观念"，演绎出一曲南疆渔村荒滩上的惊天巨变，展示着我国改革开放和现代化建设的生机、活力和梦想。"深圳观念"也在推动城市发展中名扬天下。

"深圳观念"之特殊，更在于其力量强大之特殊。"深圳观念"是时代精神的一面旗帜，具有强大的感召力。在体制突破中，"深圳观念"是前进的冲锋号；在建设道路上，"深圳观念"是特区经验的浓缩和升华；在文明模式的转换中，"深圳观念"是城市再生的灵魂，是市民德性的对话。"深圳观念"与国家、民族同呼吸，共命运，在诞生和发展中绽放异彩、凝聚人心、辐射全国，推动全国人民在党的领导下，走出了一条改革开放和社会主义现代化建设新道路。

"深圳观念"是深圳价值体系的提炼和总结，具有强大的创造力。"深圳观念"是深圳人干事创业的赞歌，激励着全体市民的创新创意，催生了一大批富于创新精神的龙头企业，打造了城市的创新品牌和价值品牌，创造了深圳奇迹。

"深圳观念"是深圳身份的标识，具有强大的凝聚力。"深圳观念"表达了深圳人对深圳的认知、理解和期待，反映了特区的品格特征，塑造了深圳的形象和深圳的集体人格特征，强化了深圳的城市自觉意识和文化认同感，具有特定历史时代的烙印，是深圳的精神图腾和价值符号。

"深圳观念"是世界看中国的一个重要指标，具有广泛的国际影响力。整个世界都关注着中国的崛起，而关注中国自然就要关注深圳，因为深圳是当代中国发展的一面旗帜。关注深圳主要就是关注"深圳观念",因为"深圳观念"不仅代表了深圳市民的共识,而且代表了中国的城市意向和未来。

二

深圳"十大观念"内涵丰富,纵向涵盖了深圳的精神发展史,也是改革开放的进程史;横向涵盖了深圳文化价值观。

深圳的城市精神发展史,就是一部城市观念史。城市的发展以经济为基础,以制度为保障,以文化为灵魂。纵观深圳城市的发展,经历了拼经济、拼管理和拼文化三个发展阶段。拼经济要求深圳勇于冲破计划经济体制的束缚,大力发展生产力,打牢城市发展的物质基础。拼管理要求深圳加强制度体系建设,建立健全法律法规,为实现公平正义提供制度保障。拼文化要求深圳把握世界城市发展最新趋势,大力实施"文化立市"战略,占领文化发展制高点,提升城市文化软实力。深圳观念既是这三个发展阶段的产物,同时也成为引领三个阶段发展的风向标。在拼经济方面,深圳人提出了"时间就是金钱,效率就是生命""空谈误国,实干兴邦""敢为天下先"等观念,这些观念是中国社会主义市场经济破壳的标志,是深圳精神的逻辑起点。在拼管理方面,深圳人先后提出了"鼓励成功,宽容失败""改革创新是深圳的根、深圳的魂""深圳,与世界没有距离""来了就是深圳人"等观念,体现了深圳的开放品格和包容精神，为建设现代化国际化先进城市的制度设计提供了广阔空间。在拼文化方面，深圳人提出了"让城市因热爱读书而受人尊重""实现市民文化权利""送人玫瑰，手有余香"等观念，体现了深圳人的文化自觉和文化自强，为城市的转型发展提供了持续的文化动力。这些内涵丰富、意蕴深刻的观念，正是深圳 30 年改革开放诸多观念的精彩浓缩。

每种观念的背后，都有其深厚的价值资源，"十大观念"则构成一个有机的价值体系。这"十大观念"反映了从保障经济权利、社会权利一步步向保障文化权利的演进。"时间就是金钱，效率就是生命"的观念之所以石破天惊，是因为人的"经济权利"的觉醒与解放，要建立市场经济的秩序，要发展经济，改善人民生活，使人们免于物质的匮乏；"实现市民文化权利"的观念之所以振聋发聩，是因为随着社会的发展，人的"文化权利"的全面觉醒与解放，文化权利的实现得到普遍的关注，人们要参与文化的创造，享受文化的成果；"送人玫瑰，手有余香"的观念之所以散发芬芳，是因为评价人生的模式发生了转折，人生的意义不只是金钱和物质，爱心给人生带来尊严和高贵，人们要建立内在的精神秩序；"鼓励创新，宽容失败"的观念之所以让人感念，是因为移民城市的宽容如此温暖，陌生人一个会心的微笑，一个关切的眼神，窗台上一束不知名的野花，纵然无言，那份淡淡的爱和馨香也沁人心脾。这种价值观，说到底是彰显了"以人为本"的本质要求。从人的经济权利到人的文化权利，从人的勇气到人的创意，从人的接纳认同到人的关爱传递，这都是以人为本的观念，这才是以人为本的文化，这才是深圳"十大观念"所具有的价值底蕴。

三

如果说，"观念"浓缩了人的追求和梦想，那么，"深圳观念"则饱含着深圳创业者和建设者的"深圳梦"。

深圳是一座梦想之城，承载着深圳人的理想主义和激情梦想。杰里米·里夫金在《欧洲梦：21世纪人类发展的新梦想》中阐述他理解的美国梦："这是一片献给'可能性'的土地，这里，持续不断的进步是唯一有意义的指南针，而进步被看作和太阳升起一样理所当然。"这样的描述与深圳的拓荒发展何其相似。深圳是中国最有想象力的城市之一，这里包孕着无数力图开创新生活的移民们的追求与梦想。

"深圳梦"是现代移民的梦，是"敢闯"者的梦。深圳是一座崭新的移民城市，95％以上是移民，当每一个移民背井离乡、胸怀满腔热血踏上这片热土的时候，他已经"闯"出了故乡的家门，"闯"上了人生的发展道路，"闯"向了自己的憧憬和希望。"闯"，是艰辛的，但也是自由的，正是广大移民的"闯"，才展示了他们的品质和个性，才展示了这座城市的意志和诉求。当来自五湖四海的移民开始在深圳

"闯"的时候，他们也在这里播种和耕耘着"深圳观念""深圳梦"。"深圳梦"是以无数普通人的追求为基础的。正如最近在评选"来深圳的十大理由"中人们讲述的那样，有人梦想改变经济地位，纯粹到就是为了赚钱，为了淘金；有人则喜欢这个新兴社会的生机勃勃，不愿意再受原来文化的束缚；还有人简单到喜欢这里的气候，或者仅仅是为了一年四季都可以穿艳丽的裙子、看香港电视。他们绝大部分怀揣自信和梦想，想脱离过去的平淡，想证明自己的价值，想解脱贫困的压力，想成就壮丽的事业……有相当多的人由于自信和梦想而踏上成功的阶梯。从某种意义上说，自愿来深圳的人都是理想主义者，他们心怀梦想，不甘平庸，勇于闯荡，饱含着实现自我、超越自我、获得新生活方式的冲动。这就是梦想的引力！

回顾深圳建设史，能吸引那么多"寻梦人"的正是"深圳观念"，而不仅仅是这里的高楼大厦和物质财富。这些观念改变了无数人的命运，也改变了深圳、塑造了深圳。因为**深圳首先生长的是精神和观念，其次才是高楼大厦和速度。一座城市被人尊重，并不仅仅在于其悠久的建城史和创造的经济价值，而更多在于其所秉持的价值观念和持久的梦想。这样的城市，温暖、智慧而富有力量。**

40年的改革开放，创造了"深圳奇迹"，也引发了大家对深圳奇迹的思考、研究和解读。人们更多地把目光投注在深圳速度、GDP、城市景观等深圳创造的物质财富上，这些无疑都是正确的，但我们应该看到隐藏在这些物质表象背后的真正原因是深圳观念。深圳之所以能引领风气之先，勇立潮头，正在于涌现出的深圳观念成为支撑深圳发展的精神力量，成为深圳市民的人生态度和人生价值。正是这座城市创造的城市观念，让我们深切感受到深圳和她创造的深圳观念所展现的神奇力量，清晰领略到深圳乃至全国的发展脉动，使得深圳观念成为一个时代的精神坐标与文化坐标。**"深圳观念"的真正创造者是永远属于这座城市的人民。**

观念的领先比 GDP 的领先更为重要。现代城市的文化影响力的核心正是"观念"——体现时代精神的观念。在改革开放历史上，深圳所创造的弥足珍贵的价值观念和精神财富，是深圳所做的最大的贡献。深圳绝不仅是因为 GDP 受到全国重视、世界瞩目，更为根本的是价值观念的传播。某种意义上说，整个世界关注中国的崛起，往往是以深圳作为中华复兴的缩影。

因为改革开放以来，深圳就是我国改革开放的排头兵和象征。人们通过观察深圳来观察中国，而最能代表深圳价值的就是深圳观念。从这些观念的衍生分析中，我们更能清楚地认识到，**一个大国的崛起从来不是单纯意义上经济的崛起，不是一个简单的 GDP 的指标，而是这个国家能否给世界文明创造出伟大的观念。**

四

　　21 世纪，以文化论输赢，以文明比高低，以精神定成败。深圳已经进入"拼文化"的自觉时代。中央和广东省寄望深圳在文化的改革和发展上继续发挥窗口、示范作用。深圳的文化工作者不负重托，推动文化科学发展，全面实施"文化立市"，提出了"实现市民文化权利""维护国家文化主权""建设两城一都一基地""文化＋科技、文化＋金融""提升城市文化软实力"等一系列文化创新理念，培育发展了文博会、深圳读书月、市民文化大讲堂、创意十二月、关爱行动、社科普及周、外来青工文化节等一大批品牌文化活动，不断发展创新型、智慧型、力量型城市主流文化。这些创新举措，使这座年轻的城市文化创意勃发，学术睿智泉涌，文明浪潮波澜壮阔，文化产业风起云涌。2008 年，深圳荣膺联合国教科文组织"设计之都"称号；2009 年，深圳获选"杰出的发展中的知识城市"；2010 年，深圳盛大召开创意城市网络国际大会。这些国际荣誉和国际活动，使深圳不断赢得世界声望，也是深圳推动文化"走出去"、中华文化价值观念输出的能力展示。

　　深圳文化的大发展、大繁荣，为新观念、新价值的生发提供了富饶的文化土壤。2011 年，秉承"文化立市"的执着，深圳在"文化强市"的征途上坚定地扬帆再起航，致力于建设智慧之城、关爱之城、设计之都和国际文化创意中心，绘就"文化深圳"的华美蓝图。这座缔造了经济奇迹的城市，将再次向世界证明：**深圳，不仅拥有物质上的丰富，还有着精神上的丰饶；这里不仅创造着财富，还在生长着观念和价值。**

"深圳观念"是解读深圳的钥匙，是一个动态的开放系统，随深圳的火热实践而不断丰富和发展。有的观念在历史上曾具有革命性意义，但现在已经不具有引领作用了；有的观念代表了新愿景、新趋势，但并不代表我们已经做到了，比如，"鼓励创新，宽容失败"，就需要大力提倡，事实上，创新是有风险的，宽容也不易做到，常有创新人物受到指责，甚至丢掉饭碗，对创新人物的评价也是"观念"问题；有的观念虽然没有进入"十大观念"之列，但仍然值得重视，初选的 103 条观念，自然都应是"深圳观念"的组成部分。

当前，倡导"深圳观念"，就是要激发深圳的使命感，努力再造一个干事创业的火红年代。相信"十大观念"是打造"深圳质量"和建设"文化强市"的精神动力，是深圳"勇于变革、勇于创新，永不僵化、永不停滞"的根本法宝。

> 因读书而受人尊重

每座城市都有自己的特点，也有受人尊重的地方。有的因其历史的久远，有的因其风光和建筑的美丽，有的因其富裕与繁华，有的因其出过名垂青史的显赫人物……作为一座年轻的移民城市，深圳以其经济上的发展成就，铸造了城市自身的历史与传奇，赢得了世人的广泛瞩目与"另眼相看"。但是，单靠经济上的成功，很难获得与维持别人的普遍尊重。在我看来，深圳应当成为因爱读书而受人尊重的城市，深圳人应当成为因爱读书而被人钦佩的群体。**无论如何，一个人，一个家庭，一座城市，乃至一个国家，倘若因为爱读书而受人尊重，总是一件特别让人骄傲的事情。**

其实，对读书和读书人的尊重早已是中国社会的习俗。这种习俗形成了中国历史中种种看似不同却又殊途同归的文化面向。

就个人而言，中国历史上能识字读书的人总是被高看一眼。因为在人们看来，"知书达理"构成了读书人的本质特征。西汉时期的匡衡"凿壁偷光"与借书苦读的故事之所以流传千古，是因为它正是中国人爱读书的一种表征；"孟母三迁"的故事之所以脍炙人口，是因为它正是中国社会看重知识、尊重读书人的一个缩影。以此观之，中国古代的科举制度，在今天看来即便有千个不足，有一点却是最值得肯定的，即它在形成倡导读书、尊重知识的社会风气方面所起的积极作用，始终是个不容抹杀的历史事实。读书是求取事业功名的途径，并且是最干净的途径，自古以来无人置疑。但这远非读书人追求的全部价值。对真正的读书人而言，读书成了他们本性的一部分，成了一种永不满足、无穷无竭的欲望，成了一种生活方式和高级享受。不问功名，不计利害，畅游书海，含英咀华，浸润其中，乐于其中，可以食无鱼，不可居无竹，更不可读无书，这才是读书的真境界。甚至四季也可以与读书之乐如此微妙地结合起来："读经宜冬，其神专也；读史宜夏，其时久也；读诸子宜秋，其致别也；读诸集宜春，其机畅也。"清代学者张潮在其著作《幽梦影》中写的这段话，可以说把阅读的神韵解说得淋漓尽致，体现了读书本身给人带来的无限快意。

就家庭而言，因一代或几代人都爱读书而成为受人尊重的"书香门第"的例子，在历史上更是举不胜举。其中，江苏常熟翁氏家族无疑是最为典型的代表之一。常熟翁氏家族以翁同龢最为知名。他出身名门，家势显赫。其父翁心存为清代咸丰、同治两朝大学士及两帝老师，长兄翁同书官至安徽巡抚，三兄翁同爵官至湖北巡抚。翁同龢本人幼承家训，饱读诗书，文才出众，为清咸丰六年（1856）丙辰科状元，官至工部尚书、户部尚书、军机大臣、协办大学士，是同治、光绪两朝皇帝的老师。翁同龢的侄子翁曾源为清同治二年（1863）癸亥科状元，另一侄子翁曾桂官至浙江布政使，侄孙翁斌孙，官至直隶提法使。翁氏一家，父子同为帝师；叔侄联魁，状元及第；三子公卿，四世翰苑。如此功名福泽，在晚清汉族的书香门第家族中实属凤毛麟角。究其原因，也许可以在常熟翁家巷（又称状元坊）随处可见的对联中找到："绵世泽莫如为善，振家声还是读书"（彩衣堂联）；"入我室皆端人正士，升此堂多古画奇书"（书楼阁联）。依此而言，书香门第的真正本性与特征，不在于追求外在的功名利禄，不在于表面上的家族礼教，而在于家族中形成一种与书为伍、享受读书之乐的共同喜好，在于一种尊重文化、追求新知的内在氛围的凝聚与传承。事实上，随着时光的流逝，翁氏家族至今还备受人们的景仰与追怀，显然不仅仅是因为其取得的赫赫功名，更是因为社会对一个真正的书香门第及其所代表的文化精神的肯定与认同。

在中国的人文传统中，个人、家庭因爱读书而备受尊重的例子还有很多。而一座城市因其读书人多而使城市有历史地位的例子也不少见，其中最为典型的莫若苏州。唐宋以来，随着江南的大规模开发及中国经济重心的南移，太湖流域成为全国最为富庶的地区。与此同时，以苏州为代表的江南文化也繁荣发达起来，其人文鼎盛的状况，在时任苏州刺史的唐朝诗人韦应物《郡斋雨中与诸文士燕集》一诗中得到了最为集中的体现："吴中盛文史，群彦今汪洋。方知大藩地，岂曰财赋强。"他的意思是说苏州不仅经济发展好，对国家的财富做出了大贡献，而且让文化昌盛、文人荟萃，让人叹为观止。事实上，"吴中盛文史，群彦今汪洋"的说法还有来自数据上的支持。据不完全统计，在清代通过科举取得功名的状元有 114 名，其中苏州就有 26 名；张慧剑编著的《明清江苏文人年表》，收江苏各地文人 5420 人，苏州一地有 1290 人；近代以来，苏州所出的文化名人更是数量惊人。苏州风物清嘉，地灵人杰，之所以自古就是一方养育人才、滋润人才、造就人才的风水宝地，最主要的原因无疑与其历史上长期形成的读书氛围与人文传统紧密相关，一方面铸就了苏州独特的城市历史地位与苏州人对自己城市历史的无比自豪，另一方面也使苏州这座城市获得了世人广泛的尊重与敬意。

与苏州源远流长的人文历史比起来，深圳的城市历史无疑是极短暂的。但新城市自有新气象，且不论经济方面的情况，单就深圳的读书现象而言，就可窥见其城市精神与文化活力：深圳的人均购书量已经连续 15 年位居全国第一；在 20 世纪 80 年代全国图书馆业陷于低谷时，深圳的图书馆却人满为患、座无虚席；1996 年第七届全国书市在深圳书城举行，万人空巷的盛况至今还让人记忆犹新……深圳人的读书热情之高，曾经让很多人觉得不可理解。而要追究深圳之所以会出现上述读书现象的原因，也许是出于个人的需要，比如想以知识改变个人命运；也许与深圳较高的市民素质有关，据统计，目前在深圳有 56 万专业技术人员，3万多名硕士、博士，1万余名海外专家和留学归国人员，市民的平均年龄不到30岁，正当读书学习的好年华；也许与深圳政府20年来的努力也密不可分，历届政府在努力实施尊重知识、尊重人才的城市发展战略的同时，积极建构学习型社会，加强引导市民的读书行为，近年来又提出"文化立市"战略和将深圳建设成为高品位文化城市的发展目标。这些都使深圳人爱读书、以读书促进个人和城市发展的风气得到了进一步的延续与加强，深圳也因此获得了生生不息的发展动力。

说到深圳的读书现象，不能不提到深圳读书月活动。作为国内首创的由政府倡导主办的群众性大型读书活动，深圳读书月旨在通过多读书、读好书，提高市民特别是青少年的综合素质，以最大限度实现市民读书求知的文化权利。其各项活动因贴近市民、深入社区、融入生活，受到广大市民的普遍欢迎。据不完全统计，前5届读书月累计举办500多项活动，参与人数累计达1000多万人次，已成为深圳的一个文化品牌，并广受全国文化界、新闻出版界的赞誉。

深圳读书月活动的重头戏是"深圳读书论坛"。如果说作为一项大型公益性文化活动，深圳读书月给深圳带来了浓郁的书香氛围和文化气息，展现了深圳这座年轻城市的风采和活力，那么作为其中的一项重要活动，"深圳读书论坛"则提升了城市文化品位，丰富了学术文化资源，增强了深圳与国内外一流学者对话的能力。自 2001 年举办第一届开始，"深圳读书论坛"就请来了饶宗颐、余秋雨、谢冕等著名学者，成为该届读书月活动最大的亮点。随后几届又陆续邀请了王蒙、金庸、李欧梵等 30 多位文化名人抵深设坛开讲，涵盖人文、社会科学、自然科学、生活健康等众多领域，吸引广大市民热情参与，演讲场场爆满。它也因此被誉为"深圳人的文化大餐"。

深圳尽管目前还没有多少学术大家，但不缺少整合国内外流动的文化资源的能力，更不缺少对高品位学术文化的执着追求。通过深圳读书论坛，我们近距离地聆听学术大家的声音，领略学术大家的风采，从中获取知识、砥砺精神。它的开设为城市学术文化的普及、人文精神的弘扬做出了积极的贡献，对提升城市文化品位，营造城市良好的学术文化氛围也起到了积极的促进作用。

城市的终极意义是文化。深圳经济特区成立以来，文化建设取得了巨大成就，这得益于包括"读书论坛"演讲嘉宾在内的国内外文化人士的大力支持。没有他们的支持，深圳读书论坛不会有这么大的影响，深圳文化也不会有今天的勃勃生机。希望广大文化工作者顺应历史发展的新趋势，坚定不移地肩负起特区新的使命，把握文化发展的新机遇，全面实施文化立市战略，继续办好包括"深圳读书论坛"在内的各项大型公益性文化活动，构建学习型城市，将促进人的全面发展当作重要的使命，为建设高品位文化城市和国际化城市，推动和谐深圳、效益深圳建设，提供新的发展动力，从而在更高意义上实现市民的文化权利，全面提升市民的整体文化素质和深圳的城市文化品位。

> 以读书为荣，以读书为乐，以读书为用

春节是休闲娱乐、放松心情的好时光。"处处鞭炮声，句句是祝福"，热闹、快乐、祥和是春节给人的传统印象。随着现代城市的不断发展，在物质生活水平不断提高的同时，工作、生活等压力也在加重，人们越来越渴望利用春节这一长假得到更高境界、更加饱满、真正意义上的快乐。

读书过节，反映的是一种"以读书为荣"的价值观念，可以使人们更注重文化生活，使社会更和谐。

在过去，春节期间亲朋好友相聚主要是唠唠家常、吃吃喝喝，并且在岭南文化中，人们很忌讳"（输）书"字。而近年来，深圳通过举办市民文化大讲堂、外来青工文化节等一系列活动，已在市民中间形成了谈论知识、谈论科学、谈论学术、追求理想人生的良好风气，逐渐改变了人们对"书"字的认识。如今，"谈书论书、以书会友、以书结缘"已发展成为人们过节的"新习俗"，"过年送书"已成为深圳人的潮流和时尚。在每年春节期间，深圳各种读书文化活动精彩纷呈、内容丰富，有政府举办的读书论坛、有自发组织的读书沙龙。市民参与热情高、参与范围广。仅就深圳读书月而言，春节期间举办的读书活动便有 15 场以上，参与人数达到近万人次。通过"读书过节"，人们不仅增进了亲情友情，

更拓展了视野和交往的范围，营造了注重文化的城市风气，促进了社会和谐。

读书过节，反映的是一种"以读书为乐"的生活方式，可以使人们更快乐，使城市更祥和。

所谓"至乐无如读书"。古人告诉我们，唯有读书能带来这种充满生命力的快乐，这是一种智慧之乐、心灵之乐、和美之乐。在现代社会，我们把这种"读书之乐"，解读为充分享受文化权利。这种文化权利与政治权利、经济权利、社会权利一样，是公民权利结构中重要的组成部分，它的实现状况在一定意义上标志着社会的文明与进步程度。这些年来，深圳非常重视公民文化权利的实现，不但在公共文化设施方面加大了投入，更重要的是通过积极倡导读书活动，使一个商潮涌动的城市同时成为书香弥漫的城市，让更多的人尤其是外来建设者享受到读书这一最具生命力、最为重要的文化权利，也使更多的外来建设者建立起对深圳的文化归属感和城市认同感。

近年来，已有不少人自愿留在深圳过年。除了逛商场、公园外，书城、图书馆等文化场所已成为愈来愈多市民过节的好去处，很多父母带着小孩一起徜徉在"书海"中，呈现出一派祥和快乐的过节景象。据统计，今年春节期间深圳各大书城人流量达 300 万人次。这表明深圳已经有许多市民都选择了将读书作为过年的快乐休闲方式。

读书过节，反映的是一种"以读书为用"的实践路径，

可以使人们成就人生梦想，使城市创新发展。

当"节奏快""工作忙"等成为时下生活的代名词时，就意味着人们越来越希望追求更为充实、更为积极的精神文化生活。深圳作为一座高速发展的城市，在这里生活的人们都充分地认识到"不进则退""优胜劣汰"的生存规则，也就是说不及时提高个人修养和素质，不快速更新理念、增强创新能力，就难以适应城市快速发展的需要，最终将会被社会所淘汰，人们亟须抓紧时间"充电增值"。纵观一年里，春节假期最长，是心情最放松的时间，也是充电增值、增长知识的最佳时期。读书作为人类史上最普遍、最持久的文化需求，是春节期间最行之有效的自我增值方式。

读书，重在读什么书、怎样读书，否则就难以达到自我增值的效果。现在市场上各种书籍琳琅满目、种类繁多，不乏一些庸书俗书。我们要读就读经典之作，比如《论语》《道德经》《红楼梦》《水浒传》等国学名著，这些经典名著是历经千百年优胜劣汰留下的精华，是人类文明的结晶。"从知识获得力量，从经典吸取智慧"，通过读经典书籍，可以使人知书达理、认识自我、认识社会、认识自然、培养理性，做到励志向上，并在最短时间内获取最大的精神文化收益。这些年，深圳一直致力于向市民推荐经典好书。深圳读书月先后邀请了饶宗颐、金庸、谢冕等60多位专家学者作为顾问，举办"十大好书"评比活动，在春节前向市民推荐十本年度经典好书，这些经典好书也充分得到了市民的认可，成为市民春节期间阅读的热门书籍。"读书过节"正在以一种积极的姿态，进入人们的生活，让人们在春节期间充分享受文化权利、培养积极向上的生活态度，也让深圳这座城市通过读书培养和形成一个健康向上的城市文化形态。

总而言之，"读书过节"已逐步深入民心，正成为深圳人过节休闲娱乐的主要方式。"读书过节"已为传统节日文化注入新的内涵，也使生活在深圳这座喧嚣城市里的人们进一步找到了心灵的港湾，得到了精神上的慰藉和升华，整个社会的和谐与文明程度也得以进一步提升。更重要的是，其背后反映出的"以读书为荣、以读书为乐、以读书为用"，已成为深圳人普遍认同的价值理念、生活方式和实践路径，势必对深圳这座年轻城市的持续长远发展产生更深远的影响。

># 城市，因阅读而改变

中华民族向来崇尚读书、推崇知识，几千年来伴书成长，为书而乐、因书而强，谱写了辉煌的文明。年轻的深圳，秉承着这个民族的读书价值，始终把知识作为这个城市强大的发展动力加以培育，把热爱读书作为市民的主流生活方式加以推广，推动了这座城市的快速成长和提升，演绎了一部堪称世界奇迹的城市发展史。

这座快速发展的现代化城市告诉人们，如何用书来平衡经济和文化发展，让居住在这个城市的市民受益；如何用阅读来提升城市文化品位，让每个市民拥有通向未来的"护照"。**深圳因崇尚知识而快速发展，因热爱读书而受人尊重。**

阅读改变城市发展模式，推动深圳科学发展。

文化是决定城市未来发展的关键，是城市的核心竞争力，对于社会进步、城市发展始终起着重要推动作用。**城市的凝聚力、影响力和辐射力，很大程度取决于人文力量。**历史上的伦敦、纽约等一流的国际大都市都是人文精神的高地：伦敦文化孕育出《资本论》《大宪章》《政府论》《国富论》等影响世界历史进程的巨著；纽约的崛起，源于自由平等的文明，源于移民文化缔造的开拓疆土、改变命运、实现梦想的精神。

从前的深圳，只是中国南方的一个边陲小镇，资源匮乏、文化底蕴缺乏，曾被世人称为"文化沙漠"。是什么样的力量使这座年轻的城市创造了中国乃至世界的奇迹，缔造了一个世界瞩目的现代化大都市？是深圳年轻、包容、充满力量和智慧的文化，造就了一种敢闯敢试、杀出一条血路的豪情壮志，形成了巨大的创新力量。

这种创新源于读书、源自知识。在这里，人们对知识的渴望程度高于任何一个时期：深圳人均购书量从 1989 年开始连年稳居中国城市第一；公共图书馆人均藏书量 2.3 册，率先在中国实现每 1.5 万人拥有一个图书馆，发明了世界最先进的"24 小时城市街区自助图书馆"，可以方便快捷地取到自己喜爱的书。正是这种对读书的渴望与热情，形成了积极倡导读书的文明形态，使得深圳不再停留在以拼规模数量为主的粗放型城市发展阶段，而是进入了以拼创新质量为主的集约型发展阶段。这个阶段以文化论输赢、以文明比高低、以精神定成败，深圳也因此迈入了"文化自觉"时代。通过知识获得解放，通过创意获得发展，城市发展方式正在从外延扩张逐步向内涵增长转变，从主要依靠消耗物质资源取得高速增长向主要依靠开掘知识资源和创意力量的新型发展模式转变，走出一条科学发展的新路。

阅读改变城市发展目标，提升深圳幸福指数。

衡量一个城市，不在于经济发展有多快，也不在于有多

少高楼大厦，而在于人们的幸福感，这种幸福感来自心灵上和精神上的满足。汪洋同志曾代表省委省政府提出"幸福广东"的理念。什么是幸福的含义？难道仅仅是衣食无忧，生活在物质享受之中吗？历史证明，物质的享受是不能与幸福画等号的，单纯追求物质享受也不可能获得幸福。**只有心灵得到不断滋养，真善美成为人们的追求，幸福才能悄然降临。而阅读，从古至今都是给人幸福、给人和美、给人希望的最有效途径之一。**莎士比亚曾经说过，"生活里没有书籍，就好像没有阳光；智慧里没有书籍，就好像鸟儿没有翅膀"。

深圳作为我国改革开放的"窗口"，是一个商业极为发达、市场化程度很高的城市，来自世界各地的人们都聚集到这里来实现发财致富的梦想，功利主义、实践理性等一度影响着这座城市的发展目标，影响着人们幸福观念的形成，这就需要文化与知识的力量来加以平衡，并最终落实为价值理性和人文精神的建构。因此，实施"文化立市"战略，提倡构建力量型、智慧型、创新型的文化形态，成为城市重要的文化战略选择。深圳以满足广大市民基本文化需求和实现市民文化权利为出发点，不断加大投入，加强公共文化服务体系建设，通过创办各种文化品牌活动，倡导和推广全民阅读，营造了书香社会、人人悦读的良好氛围。

目前，64%的深圳市民有经常阅读的习惯，从读书中找到心灵的满足，读书已成为市民追求幸福的重要手段。深圳城市的发展也不再片面强调"深圳速度"，更注重创造"深圳质量"，把提倡全民阅读作为增进幸福、构建和谐的重要举措，作为提升城市品质和生活质量的重要内容。这不仅是一个城市的文化态度、文化追求，更是深圳面向未来的志向。

阅读改变城市价值观念，引导市民读书为荣。

深圳是一座年轻的移民城市。当初，万千才俊南下鹏城，怀揣梦想、充满激情，推动了城市的快速成长。与此同时，浮躁喧嚣的气息也涌动在这座城市。毋庸讳言，这种浮躁喧嚣曾在一个时期困扰着我们——那些挥洒青春和汗水富起来的人们蓦然回首，才发现应当要思考心归何处、何以为荣的大问题了。

这个时候，深圳市委市政府高瞻远瞩，邀请、发动一批有识之士，开展读书文化活动，增加城市阅读服务设施，营造书香社会。尤其是在 2000 年，深圳设立了中国第一个读书节庆活动，确定每年 11 月为深圳读书月，打造了深圳最受市民喜爱、参与人数最多的公共文化活动。城市之中读书向学之风大兴，市民乃至城市的价值观念亦悄然而变，读书成为一件特别光彩的事，街头巷尾、机场车站……谈书论读成为文明的象征、身份的代表。

"读书为荣"价值观念的形成有其内在的合理性。因为要实现梦想、改变生活，必须进行源源不断的知识更新和信息滋养。阅读作为最便捷有效的方法之一，一直是深圳人工作生活的重要组成部分。所以，在政府的推动下，阅读顺理成章地为深圳人接受和尊重，甚至极受推崇的生活方式。同时，深圳各种读书力量开始汇聚，民间读书组织迅速发展，三叶草、99 人书库、后院读书会等上百个读书组织非常活跃，每年开展上千场各类活动。随之而来的就是阅读与深圳人的生活、深圳人的发展、深圳人的价值评判形成积极的互动。在深圳经济特区成立 30 周年之际，市民投票评选深圳最有影响力十大思想观念，其中"让城市因热爱读书而受人尊重"位列第五，"实现市民文化权利"位列第七，步入"而立"之年的深圳用选票说明了自己的选择。阅读超越了求取功名的功利层面，成为一种价值取向。"读书为荣"潜移默化地深入人心，成为这座城市持续发展的价值动力。

阅读使深圳从知识中获得力量、从经典中吸取智慧、从文明中启迪创新，深圳因阅读而改变。展望未来，深圳要继续当好科学发展的"排头兵"，就必须继续坚持推广全民阅读，营造书香社会，倡导人们既脚踏实地又时时思考更加深邃、更加奥秘无穷的未来。只有这样，这个城市才能保有持之以恒的理想主义的饱满激情，并将这种激情转化为丰富而充满活力的创意；只有这样，深圳人才能以文化为追求、以知识为动力，不断向前开拓。

> 阅读与梦想

4月23日，是一个让人觉得很快乐的日子。

记得在安徽西递村的履福堂有一副楹联："几百年人家无非积善，第一等好事还是读书。"读书是"第一等好事"，让人快乐；此中乐趣，值得分享。读书，固然有提升国民素养、推动社会进步的宏大意义，但对于个人而言，读书，是一件使我们幸福和快乐的事，而且这种幸福和快乐既是当下的，也具有永恒价值。

在读书日，在许多日子里，如果可以和喜欢读书的朋友相聚，分享这种快乐，夫复何求？当我们读《兰亭集序》时，看到的是一种文人雅士之乐，多少年之后，这些风流余韵孕育出民族文化的丰富与多彩。因为快乐，所以可以永久；因为幸福，所以可以薪火相传。

就读书的过程而言，当然充满着各种各样的人生感觉。有时候，我们沉浸在一本书里，从中获得了宁静；有时候，我们从一本书里获得了喜悦；有时候，我们在书里，隔着几千年跟智者对话，或者看到一个智者预测人类未来的图景，从而在碰撞与交流中产生了大脑风暴。但是有时候，读书又是苦涩的，要不，怎么会有"学海无涯苦作舟"的说法。苏轼在读孟郊的书时，甚至发出了无奈的感慨，"人生如朝露，日夜火消膏。何苦将两耳，听此寒虫号"，孟郊用词艰涩，让苏东坡都有读得苦闷的时候，但是当他进入了孟郊书中的境界后，他又感受到了快乐。此外，更有古人道出了"莫话诗中事，诗中难更无。吟安一个字，捻断数茎须"的感触。如此种种，都说明了读书之不易。然而，在阅读中，只有历经不易，才能拥有"云在青天书在手""长空雁过天有字"这样的闲适和愉悦。

无论读书的感觉如何，梦想总是与我们相伴相随。就如同我们晚上经常做梦一样，有的梦是甜蜜的，有的梦是苦涩的，但是，梦只有做下去，路只有走下去，才能实现真正的人生。

同样，当一群人、一个城市、一个民族、一个国家都在为了梦想而努力时，大家才能由此获得安宁，由此获得提升，由此赢得其他城市、其他民族、其他国家的尊重。

被尊重的过程，是什么样的过程？它意味着什么？就今日的中国而言，就是中国梦的实现。我们每个人的梦想，共同构成了我们民族的梦想，而当一个民族都在梦想之中奋然前行并且幸福快乐的时候，还有什么能阻挡她不被别人尊重呢？中国梦并不高深，它与每个人的命运、每个人的快乐、每个人的梦想息息相关。

今天，我们快乐、宁静地在这里畅谈读书的体会，在畅谈之中，我们的城市在悄然进步，我们的民族在阔步前行，这是多么美好的事情！

在《荀子》的《劝学》中，有这么一句话："积土成山，风雨兴焉；积水成渊，蛟龙生焉；积善成德，而神明自得，圣心备焉。故不积跬步，无以至千里；不积小流，无以成江海。"**如果我们的城市形成了热爱读书的城市新传统，如果我们珍惜所有学习创作的成果，我们终将实现自己的文化梦。**总会有那么一天，我们在读书中的点点滴滴的快乐积累，厚积薄发，将迸发出绿洲般的宁静和美丽。

> 阅读筑梦，阅读圆梦

中华民族正在走向复兴的道路上，这是一个伟大的中国梦。**有一件事，和伟大的中国梦有关，和每个人梦想的建构与实现有关，它，就是阅读。**

第十四届深圳读书月的年度主题为"阅读筑梦，阅读圆梦"。筑梦，是构建和寻找梦想；圆梦，是完成和实现梦想。阅读与梦想，究竟存在着怎样的关系？

我们很多人都经历过这样的时刻，就是当我们识字后，当我们有了相当的学历、能够宁静读书时，突然会有一个梦想油然而生，由此决定了我们生活的轨迹。这种油然而生的梦想，正是从读书开始的。我们的梦想诞生之后，怎么去圆梦？同样可以依靠阅读的力量来实现梦想。深圳读书成才的青年们的经历，深圳许多人的成长经历，都可以给我们这样的启示——读书，或者让我们产生梦想，或者让我们行进在实现梦想的道路上。

对于梦想而言，阅读，是梦想诞生的地方，也是梦想实现的一种力量。

一

每个人的梦想要如何实现？阅读是一个很重要的途径。

青年走入社会，会通过读书梳理志向和理想，开始奋斗的航程；实现梦想，要掌握大量知识和信息，就需要通过阅读去圆梦。

深圳是一座移民城市，是中国最大的逐梦之城，这是由移民社会共同的本质决定的。这种本质就是，移民从四面八方汇聚而来，每个人都有自己的梦想，既有对过去的不满足，也有对未来的新期待。所以，深圳是一个典型的梦想之城，每个人的梦想集聚起来就是城市的梦想，也将组成和代表国家梦想。 从这个意义来说，"阅读筑梦，阅读圆梦"对深圳有着更加深远的意义。

在深圳，无数青年人通过阅读找到自己的方位，踏上了成功的阶梯，开始怀揣梦想奋斗；无数成功人士在阅读之中实现了人生的价值，圆了自己的梦想。

二

热爱学习和热爱阅读，永远是城市前行的重要动力。

阅读，是实现市民文化权利的重要内容。以智慧和知识去实现梦想，是深圳人实干的一种方式。市民享受文化成果、参与文化活动、进行文化创造等各种权利，都可以通过阅读来体现、激发和推动。

多年来，深圳通过阅读营造了浓厚的文化氛围，点燃了创意激情和智慧，无数大胆的设想和创意都来源于阅读，深圳也因此连续多年在专利申请方面位列全国第一，处于世界领先地位。没有扎实的学养，没有对新知识的不断汲取，是不可能有这样的创意和创新能力的。此外，阅读还提升了公民素质，公民素质对城市文明、对市民的言谈举止都起到了潜移默化的作用。深圳连续三次荣膺全国文明城市，阅读功不可没。

现在，阅读已经成为深圳城市特质的一个组成部分。在深圳十大观念中，起源于读书月的"实现市民文化权利"以及"让城市因热爱读书而受人尊重"都入选了。其中，后者还与"时间就是金钱，效率就是生命""空谈误国，实干兴邦"一起获得市民和评委会的全票通过。两条观念的当选，看似偶然，绝非偶然。这说明了市民的理性判断和集体远见，说明了这个城市信奉文化是可持续发展的关键，信奉要让城市因为热爱读书而受人尊重，信奉中国的优秀文化不仅是我们的尊严和宝贵财富，也是人类智慧和财富的重要组成部分。

三

努力成为实现伟大中国梦的引领城市。

作为经济特区，深圳一直发挥着探路和引领的作用。现在，中华民族正走向伟大复兴，深圳如何持续发挥引领作用？这建构在每个人的梦想之上——对梦想的执着追求，正是这个城市每天创意无穷、每天生气勃勃、每天都产生巨大进步的原因。

在筑梦圆梦的过程中，除了勤奋工作，还要不断吸取各种知识，这就必须通过方式多样的阅读去实现。我一直记得第一次到德国去的情形：乘火车时，车厢里静悄悄的，几乎每个人都在看书。站在车厢里，我肃然起敬。一个热爱学习的国家，必然能创造出灿烂的文明，也能自强于天下！欧洲有很多国家都是这样，这就给了我们启发，热爱学习和热爱阅读，永远是国家前行的重要动力。

深圳之所以能够创造经济奇迹和文化奇迹，正是因为人们保持着对阅读的巨大渴求、对知识的巨大热情。年轻的深圳，已连续十四年每年用一个月时间开展全民阅读活动，推动深圳人从文化和阅读上汲取力量，为自己的梦想，也为中国梦打拼。历经十四年的发展，我们看到了深圳在全民阅读中取得的成绩，看到深圳有一流的图书馆和一流的书城，有普及市、区、街道、社区的读书场所。如今，为进一步提升深圳全民阅读的水平，读书月一边"接地气"，通过丰富多彩的活动吸引更多人参与进来，并通过推动民间阅读组织的发展，让阅读成为各类人群都喜欢的事情，让阅读在城市里蔚然成风；同时，加大了政府对全民阅读的推动力度，不仅加快建设各种文化阅读设施，而且注重在阅读上的"示范引领"。

　　这份"高贵的坚持",为深圳赢得了联合国教科文组织授予的世界性荣誉,也成就了全体市民的共同荣耀。"全球全民阅读典范城市"这一称号,进一步增强了深圳的文化自信。深圳将更努力推动全民阅读活动,在全民阅读长期坚持和越来越普遍化的基础上,使阅读和每一个市民都息息相关,让大家得以分享阅读的快乐,并通过阅读进一步完善自己。

　　"阅读筑梦,阅读圆梦",这是对每一位市民发出的一种呼唤:**阅读,不仅是梦开始的地方,可以点燃人们的智慧和梦想;同时,阅读又是圆梦的地方,人们可以从阅读中获得强大的精神动力和行动激情,实现灿烂梦想,铸就美好人生。**

> 幼儿学则少年强，少年强则中国强

深圳是最早提倡全民阅读的城市，读书月开展六届以后，中宣部和新闻出版总署推广深圳的经验，由此在全国开始全民阅读推广活动。今天首届全国儿童早期阅读与教育峰会能在深圳召开，说明了深圳又一次带头，把全民阅读推向更深化、更科学的阶段。所以，要感谢深圳市妇女联合会、爱阅公益所做的这些工作，也感谢来这里的所有专家，特别是哈佛大学的凯瑟琳教授。

其实中国人对少儿阅读，自古以来就很重视，大家都会背三字经，"昔孟母，择邻处。子不学，断机杼"。为了让小孩有好的学习环境，不惜搬家，不惜把自己挣钱的机器砸了，可见对儿童阅读的重视。所以中华民族本身就是一个重视家教、重视家学渊源的民族。坦率地说，我们民族缺乏贵族传统，但是绝不缺书香门第。这种教育的成功值得好好总结。

我还想到梁启超的话，叫"少年强则中国强"。我就想问一句，少年何以强？**少年强，首先要有健康的体魄，但更重要的是早期的道德和知识的培育，以及好的学习习惯的形成**。这里面最重要的是学习习惯。好的身体、好的学习习惯的形成，我觉得是"少年强"的两个最重要的内容。因此可以说，**幼儿学则少年强，少年强则中国强**。所以，今天大家做的这件事太有意义了，功德无量。这是从根本上改进我们国民素质的行动，也是国家民族兴盛的最基础的工作。

要进一步做好儿童早期阅读工作，需从以下几方面入手：

一是要切实从战略发展高度推进儿童早期阅读。**一个城市乃至一个国家是否重视儿童阅读，实际上反映了它的文明程度和发展格局**。深圳一贯坚持以人为本、儿童优先的发展理念，近年来积极建设"儿童友好型城市"，在顶层设计推进儿童早期阅读方面做了一些有益的探索。深圳于2016年4月1日正式施行了《深圳经济特区全民阅读促进条例》，其中专门对未成年人阅读资源及服务的保障作了明确要求，对推进儿童早期阅读起到了指引方向的作用。接下来将制定出台全市全民阅读发展纲要、全民阅读促进活动计划和未成年人阅读推广计划，进一步探索完善相关保障机制，为儿童早期阅读营造更有利的社会氛围和政策环境。

二是充分整合社会各方力量共同参与。多年来的实践证明，早期阅读的推广是一项系统工程，需要党委政府、社会、家庭等多方支持和参与。只有多方协同合作，才能有力推动儿童早期阅读，助力全民阅读推广的发展。要整合优化政府部门及社会各方的力量资源，将儿童早期阅读活动做出特色、做成精品，让更多的儿童家庭从高质量的服务中受益。

三是坚持以家庭视角持续推进儿童早期阅读，深根固柢。阅读习惯培养需要从婴幼儿期开始，家庭理所当然地成为早期阅读推广的起点。目前，在亲子阅读的过程中，普遍是母亲角色投入较多，要通过早期阅读推广，使家长认识到父亲参加幼儿教育的重要性，多鼓励父亲抽空参与亲子阅读，社会阅读推广组织可以此为切入点做一些工作。同时，我们要从不同年龄段儿童家庭的需求出发，逐步构建科学的早期阅读服务体系，逐渐形成越来越多高品质的儿童早期阅读公益文化品牌，为广大儿童家庭提供更为精准的阅读服务。

四是切实把好事做好。世界上最积德的两件事，一是劝人行善，二是劝人读书，都是功莫大焉。所以希望大家把儿童早期阅读——这篇阅读里面最重要的文章做好，从根本上做起，这件事功德无量，既积社会之公德，又积私人之美德。

> 一座城市文化基因的生成与绽放

2019 年是深圳建市 40 周年，也是深圳读书月走过的第 20 个年头。

深圳是中国改革开放的窗口，这座只有 40 年建城史的年轻城市，在 20 年间坚定不移推动全民阅读，彰显了她不急功近利的远大抱负，展示了全体市民的"高贵的坚持"，为城市可持续发展注入了源头活水。

深圳读书月的持续举办，是对一种高贵的人文价值的坚守。深圳之所以能创造经济奇迹和文化奇迹，与市民们保持着对阅读的巨大渴求、对知识的巨大热情息息相关，一个积累了丰富知识的城市，一定能将其转换成强大的创造力。

书籍是人类进步的阶梯，对一座城市亦然。全民阅读，让深圳成为一座因热爱读书而受人尊重的城市，成为深圳兴旺发达、永续发展的重要动力。

——

举办 20 届的深圳读书月，在这座城市发展的关键期，为其注入了沁人心脾的诗书之气，植入了阅读的文化基因，锁定了高远的文化追求：让城市因热爱读书而受人尊重。

很难想象，一个曾经被戏称为"文化沙漠"的城市，会在 2013 年 10 月 21 日获得联合国教科文组织授予的"全球全民阅读典范城市"称号，而且迄今仍是全球唯一获此荣誉的城市。

回溯过往，深圳读书月的创办和发展，与深圳"文化沙漠"帽子的摘除有着密切联系，更与城市文化的崛起休戚相关。

深圳，源于邓小平同志的伟大设计，是一座崭新的城市。然而，唯其新，反而饱受"没有文化"的诟病。生活于斯的人在感受城市魅力的同时，也常因这里缺少文化底蕴而倍感遗憾。

这样的忧虑，来自于人们认识文化的固有定势——"文化积淀论"。持这种观点者认为，文化积淀是文化发展的唯一根据；一个城市或国家的文化强弱厚薄，主要就是看文化积淀；经济可以快速增长，文化只能慢慢积累。文化积淀论的谬误在于把文化积淀的作用过分夸大和绝对化，因此形成一些偏执观点，影响学术界，也在世俗中流传。

自建市至今，深圳一直是全国人口最年轻的城市，也是一个族群来源最广、最富于梦想的移民群落。**移民的梦想能为新观念诞生提供土壤，移民之间碰撞求变能为创新提供温床，移民的差异性能为文化包容提供空间**。鲜活多元的移民文化一定能够生长出好的东西、好的创意，如仅仅把文化积淀作为城市"老本"而奉若神明，忽视城市文脉的延续、文化活力的创造和思想观念的更新，则会压抑创意，制约文化发展、社会创新和思想进步。人是文化流动最重要的载体，移民所带来的文化流动，实践着文化创造的多种可能。因此，**我们必须树立一种新的文化观——"文化流动论"，深刻认识文化的本来意义和它的真正动力及规律，而不是沉浸在文化底蕴和文化积淀中裹足不前。**

提出文化流动的理论，其目的是寻求新兴城市的文化自信。正是认识到文化流动对于文化发展的重要意义，我们提出，**文化的发展，主要不是取决于存量，而是取决于增量。**那么，**如何提升文化增量？阅读是行之有效的路径之一。**

每座城市都有发展的关键期，如同一个儿童的生活习惯和学养将影响其一生，我们经常看到很多城市突然兴起又突然消亡，而有些城市一旦崛起之后就成为千古名城，关键就看在其成长的关键期植入了什么文化基因，它最终决定这个城市的气质、气韵和文化形态，决定城市文化发展的持久力和影响力。

早在 20 世纪 80 年代，商潮涌动的深圳经济特区就有了浓郁的读书氛围，图书馆总是座无虚席，年轻人都排着队进去读书，而 1996 年 11 月在深圳举行的第七届全国书市更是创下了短短 10 天书城销售额高达 2177 万元的全国多项纪录。市民的读书热情和求知渴望，引发了我们的思索——作为政府行业主管部门，我们应该在市民阅读行为中发挥怎样的作用呢？

2000 年 11 月 1 日，首届深圳读书月在深圳书城启动。现场热闹非凡，市民购书踊跃。说来也巧，开幕当天，一阵大风恰好把横幅"深圳读书月"中"读"的"言"字旁吹掉，变成了"深圳卖书月"，大家看到都忍俊不禁。这冥冥之中成为深圳市民读书热情的绝妙隐喻。

读书月在深圳经济特区的率先诞生，彰显了深圳高度的文化自觉；一座城市每年拿出一个月来开展读书活动，展示的是深圳的文化态度。深圳通过举办读书月，让民间蕴藏的巨大读书热情得到充分释放，让市民的阅读权利得到充分满足，也让城市的想象力、创造力通过阅读被持续点燃。

文化深圳，从阅读开始。文化深圳，既需要总体上的文化繁荣，更要追求文化的品质和格调，文化深圳必须是一种融合了血性和理性的创新型、智慧型、力量型、包容型城市主流文化，全民阅读在构建"四型"文化中的重要性不言而喻。

读书月走过的 20 年，正是深圳文化形成的关键时期。深圳是一座生机勃勃的城市，但一开始确实很浮躁，而阅读可以使一个人从粗俗变得文雅，从浅薄变得深厚，从浮躁变得从容，从窘迫变得淡定。深圳读书月的持续举办，以大气压制浮躁，以优雅驱逐粗俗，于无声之中润化心灵，让许多躁动的心因为读书而充满宁馨欢愉，为这座年轻城市注入了沁人心脾的诗书之气，为城市的发展加注了充足后劲，构建了崭新的城市人文风景。

纵览全球受尊重的城市，有的因为物产富饶，有的因为景色秀丽，有的因为名人辈出，有的因为历史悠久。而在我看来，**世界一流的城市必须具备两种辐射能力——经济辐射力和文化辐射力，而文化辐射力更深厚、更长远，是更重要的可持续发展**。深圳人对自己的城市提出这样的期许——让深圳成为一个因热爱读书而受人尊重的城市！这体现的正是对文化辐射力的追求。令人欣慰的是，在深圳经济特区成立30年之际评选的"深圳十大观念"里，"让城市因热爱读书而受人尊重"观念在专家和市民投票中都高票入选，足以说明阅读在市民心目中的地位，而和读书月一起成长的"深二代"更是天然地认可读书的重要性，认可阅读对城市和个人的重要意义，认可阅读是一种生活方式，这种价值观和对阅读的热爱将代代相传。

"高贵的坚持"，让深圳获得了高贵的荣誉。从一座被戏称为"文化沙漠"的城市，到因为热爱读书而赢得世界的尊重，成为世界唯一的"全球全民阅读典范城市"，是读书月播撒的种子破土成林，让深圳变得郁郁葱葱。

二

在全国率先创办读书月，是深圳的一个创举。读书月的发展，不仅需要理性，还需要激情，需要"政府倡导、专家指导、社会参与、企业运作、媒体支持"。正是社会各界的用心浇灌、推波助澜，推动读书月独树一帜、闻名遐迩。

经过 20 年发展，读书月规模越来越大。第 19 届读书月推出 59 项重点主题活动与 710 项一般主题活动，为市民读者打造贯穿全月的精神文化盛宴，约有 1100 万人次参与本届读书月。

常有人问，读书本是个人的行为，深圳为什么要以读书月的形式去推动，并且一做就是这么多年，而且还越办越红火？

因为这种形式，体现了深圳这座城市提倡的价值观念、文明模式和生活方式，就是要通过对全民阅读的持续推广，**让"以读书为荣"成为我们的价值观念，让"以读书为乐"成为我们的生活方式，让"以读书为用"成就我们的人生梦想**。深圳把知识作为城市强大的发展动力加以培育，推动这座城市快速成长，同时尊重每个人阅读的文化权利，尊重阅读方式的选择，并创造条件满足阅读需求。

诺贝尔文学奖获得者、著名作家莫言出席读书月后感慨："深圳人将读书月这种社会化群体活动逐渐内化成个人的一种习惯性行为。因为读书月，深圳拥有了一段静美时光。"

多年来，读书月的活动都办得丰富多彩。读书月的成功，源自一整套的"打法"，发动了全社会力量，吸引了全民参与。

首先是党政支持，始终如一。读书月的举办，是深圳的一种理性的战略选择，历届市委市政府都给予读书月无比的期望与厚爱。市委市政府没有把读书月单纯地作为一个文化项目，而是从城市文化发展战略的高度来规划、统筹与部署，将其作为深圳城市发展的一项基础工程来认真对待。从阅读政策的出台到阅读设施的建设，从人力财力的支持到活动的策划组织，党委政府态度的坚决和推动的毅力始终如一。每年读书月开幕，市委市政府主要领导都会出席，一起见证、一起参与，多年坚持，难能可贵。中宣部、新闻出版总署领导更是高度重视，发现深圳率先举办读书月后，时任新闻出版总署副署长邬书林同志立即率队来深调研总结有关经验做法，给予极大肯定和支持，体现了一种非凡的眼光和魄力。2009 年 11 月，深圳第十届读书月期间，中宣部、中央文明办、新闻出版总署、文化和旅游部、教育部等在深圳联合召开全民阅读工作经验交流会，指出深圳读书月是全国性全民阅读活动的起因，也是全民阅读活动的重要品牌，对深圳经验模式给予了充分肯定。

第二，专家指导，一路同行。多年来，几位市老领导和读书月总顾问对读书月的支持令人感动。2001 年 10 月 26 日，读书月组委会聘请老领导李灏、厉有为、李海东同志为总顾问，同时向饶宗颐、金庸、陈佳洱、谢冕、余秋雨、牛憨笨六位先生发出"特别顾问"聘书。多年来，他们一直与我们风雨同行。李灏、厉有为、李海东同志一直非常乐意帮助推动读书月，每每读书月启动，他们只要在深圳，一定准时参加。有一次，李灏同志脚扭了，耄耋之年的他还坚持在主席台上站了 50 分钟。

读书月的特别顾问，都是德高望重的鸿儒大家，他们为读书月不遗余力，或登坛开讲，或推荐好书，或策划创意，或题词赠字，他们的求学治学精神和人格魅力，为读书月增添了无限风华。饶宗颐先生在 84 岁高龄时，成为读书论坛第一位开讲嘉宾，时隔多年，老先生还动情回忆，"能够为读书月做第一讲，我很自豪"。金庸先生每次参加读书月活动，无论买书还是住酒店全都自己掏钱，登坛开讲也不收取任何费用。这种情怀，不仅是对书的感情，还寄托着对这个年轻城市的期望。

第三，社会动员，上下同欲。全民阅读，涉及每一个人。深圳读书月全社会动员的广度和力度，在深圳诸多活动中极为少见。从各部门到各区，从企业到社区，从学校到工厂，从宣传文化界到社会各界，全方位地动员和参与。

在读书月组委会领导下，深圳市文化局（新闻出版局）等部门在政府层面做了大量具体的组织协调工作，发挥了重要作用。媒体力量也不容忽略，深圳报业集团和广电集团是读书月始终一贯的宣传者、推动者，乃至策划组织者、参与者。在阅读界具有重要影响力和指标意义的读书月"年度十大好书"评选，发端于《深圳商报·文化广场》的创意策划，经过《晶报》等多家媒体联手持续推动，逐渐成长为读书月的著名品牌。《人民日报》、新华社、《光明日报》《中国青年报》等中央媒体陪伴着读书月一路走来，一路传播，当其他媒体聚焦深圳经济指标时，他们关注着深圳人的精神生活，体现了对深圳人精神品位的尊重。媒体对读书月的报道是有温度的，是发自内心的，笔端常带感情，读来令人振奋、温暖。作为承办单位之一的深圳市图书馆，利用自身独特优势，发挥全民阅读推广重要窗口和阵地作用，每年读书月期间联合各区图书馆，策划开展 600 多项新颖丰富的阅读活动，先后被文化部、中国图书馆学会授予文化部创新奖、全民阅读先进单位、全民阅读示范基地等荣誉。

第四，企业运作，坚实给力。深圳读书月已走过 20 个年头，每年读书月活动都丰富多彩。读书月能常办常新，离不开其市场化运作机制，读书月的"深圳模式"——"政府倡导、专家指导、社会参与、企业运作、媒体支持"中，最核心、最关键的就是"企业运作"。

深圳读书月由负责图书出版与发行销售的深圳出版发行集团（现更名为"深圳出版集团"）总承办，读书月办得越好，书就卖得越多，两者相辅相成。年复一年，读书月在持续创意推动下，搭建起市民参与和享受文化大餐的大平台，呈现出越来越旺盛的生命力和吸引力。可贵的是，深圳出版集团跳出了单纯的企业运营套路，以超乎寻常的格局和眼界推动读书月发展，进而把深圳全民阅读推向高潮。

对于一个企业而言，这是非常艰巨的事，也是无上荣耀的事，深圳出版集团的员工与有荣焉，成为推动读书月发展的中坚力量，一起做了一件高尚而伟大的事。不仅如此，出版集团还把读书月衍生的一系列理念方法用在集团发展战略思路上，提出"读书以及一切为读书所做的服务都是高贵的"的理念，高悬于深圳几大书城，指引他们在改革发展中不断书写新辉煌，引领集团走向更美好的未来。

世界上最积德的两件事，一是劝人行善，二是劝人读书。这两件事，既积私人之美德，又积社会之公德。**深圳读书月坚持多年，正是向良知出发，向城市的未来出发，这也是深圳开展全民阅读的"初心"所在。**而一个文化品牌的创办与坚持，不仅需要理性，还需要激情，正是社会各界的用心浇灌，自觉主动推波助澜，不断推动读书月迈上新台阶，让读书月独树一帜、闻名遐迩。

在深圳书城中心城，有一家 24 小时书吧。从 2006 年 11 月亮灯第一天起，我们就对它有一个期许："即使整个城市都沉入了黑夜，这盏灯也为你亮着。"无论是静谧的深夜、星光隐去的凌晨，还是在热闹的午后，24 小时书店总在为阅读者守候，宛如一座"永不熄灭的精神灯塔"照亮这座阅读之城，守望着这座城市最美的阅读梦想。灯光不灭，星光闪烁，一如我们对深圳读书月的期许——**"全民阅读，既然高贵，继续坚持！"**

三

读书月常办常新，理念创新是根本。文化深圳，从阅读开始。深圳读书月就是要通过阅读观念的引领，使读书月成为一个观念展示、理念引领的平台。历届读书月年度主题和阅读理念，勾勒出深圳全民阅读的历史变迁，清晰记录深圳从文化自觉到文化自信的攀升。

每年 11 月，深圳读书月如约而至，带来满城书香。而每届读书月的年度主题，总是一次次赋予全民阅读新的理念和内涵，既体现了读书活动的良知和普遍价值，又与时俱进地和整个时代的命运紧扣，一次次引人深思、一次次引发关注、一次次点燃人们的激情，受到市民的喜爱。

每年读书月的主题词多是一两句话，看似简单，却都是精心锤炼的结果。读书月要常办常新，理念创新是根本，这些主题词不仅要有一贯性，还要有时代特征，同时昭示一座城市的远大理想和抱负。

深圳读书月，就是要通过阅读观念的引领，使读书月成为一个观念展示、理念引领的平台。如果说，持续全年的阅读活动是钱塘江，每年的读书月就是钱塘潮，而每年读书月的理念，就犹如钱塘潮的强大动力和引领。如同诗云"千里波涛滚滚来，雪花飞向钓鱼台。人山纷赞阵容阔，铁马从容杀敌回"，只有不断引领，才能不断夯实全民阅读活动，引领深圳阅读既有千军万马的气势，又有从容自在的惬意。

读书，是门槛最低的高贵之举。推广全民阅读，是深圳"高贵的坚持"。如果说读书月是深圳"文化绿洲"里一棵始终保持向上姿态的大树，那么，读书月多年来的年度主题以及因此而流传开来的阅读理念，则宛若文化年轮，勾勒出一

座城市全民阅读的历史变迁，清晰记录着深圳从文化自觉、文化自信到文化自强的攀升。

"实现市民文化权利"，是深圳全民阅读的逻辑起点。首届读书月就创新地把读书月与市民文化权利联系到一起，提出从读书这一最为基本的文化权利入手，使更多市民享受读书的乐趣、满足求知的渴望。"实现市民文化权利"从读书月出发，成为深圳实现民生文化福利的出发点和落脚点，成为文化发展的城市战略之一。深圳以"实现市民文化权利"的先进文化观念指引公共文化服务体系建设，使市民拥有享受文化成果的权利、参与文化活动的权利、开展文化创造的权利和文化选择的权利，建立起一流的公共文化服务体系，让公共文化福利的阳光洒向市民。

"让城市因热爱读书而受人尊重"，是第七届深圳读书月的主题，这一理念写进了 2008 年《我们爱读书——深圳读书月宣言》。多年来，深圳全民阅读以丰富实践与不懈探索，践行着这一理念，也让深圳因为全民阅读的丰硕成果赢得世人尊重。

在读书月迈上第十个台阶之际，深圳进一步思考阅读与城市未来的关系，提出了"城市推崇阅读，阅读改变城市"，读书月积十年之功，在现代化城市里创造了一种新的传统、新的精神和新的文化，为城市发展注入强劲的精神动能。第六届读书月主题是"读书为乐，读书为荣"，第九届读书月提出"我阅读，我快乐"的理念，第十一届读书月突出"文明公民，阅读为荣"的主题。在此基础上，进而升华成为深入人心的"以读书为荣，以读书为乐，以读书为用"的理念。读书是高尚的、快乐的，是高雅的精神享受；同时，我们不能回避读书的实用性，它一方面提升我们的精神素养，另一方面也让我们发现新世界、创造新世界，使人们在阅读中汲取知识和力量，从而走上成功的阶梯。第十三届读书月的主题词是"阅读提升正能量"，阅读不仅能丰富知识、涵养心灵，还能化解很多负面情绪、消极因素，提升正能量，让人们看到生活中积极向上的一面，中华民族正走在复兴的道路上，民族复兴是我们时代最大的正能量，人们可以从阅读中汲取正能量，对未来满怀新希望，创造新生活；在中国梦绽放光芒时，第十四届读书月提出主题"阅读筑梦，阅读圆梦"，传递了"阅读既能帮助我们构筑梦想，又能帮助我们实现梦想"的人文内涵，而崇尚读书的深圳更是一个逐梦圆梦的地方。"创新之城，读具匠心"，第十七届读书月主题阐明阅读与创新、匠心的关系，蕴含着这座创新之城通过阅读驱动创新、孕育匠心的深意。

阅读，润物无声，一个个生动而深刻的阅读理念，融入市民思维、楔入城市文化根系，"实现市民文化权利"和"让城市因热爱读书而受人尊重"更跻身"深圳十大观念"。深圳读书月的经验模式与一整套系统阅读理念被全国几十个城市学习借鉴，影响和推动了中国全民阅读的发展。

文化深圳，从阅读开始。深圳在创造经济奇迹的同时，始终信奉观念和文化的力量。阅读改变着深圳，星火燎原的读书理念，让阅读成为这座城市普遍认同的价值观念。今天，阅读已成为许多市民的新生活方式，深圳也成为一个因热爱读书而受人尊重的城市。

四

如果说读书月是深圳"高贵的坚持"，那么，这种"高贵的坚持"来源于我们可爱可敬的市民，"全球全民阅读典范城市"的国际荣誉属于热爱阅读的全体市民。在深圳随处可见的一幕幕宁馨自在的阅读景象，让我们对一座城市的未来充满信心。

2016年参观深圳书城中心城十周年图片展时，有一张照片令我非常感动，至今在脑海挥之不去：在书城阅读区围坐而读的一大群人之中，有一位年轻的父亲手捧书本，聚精会神地看书，而躺在他双膝间的，是熟睡的女儿。对此，有人形象地评价：手里捧着未来，怀里抱着希望。

深圳书城中心城，是深圳的"文化客厅"，就像照片里的这位父亲一样，许多深圳人都把这里当作自家的另一个"客厅"，或者是另一个"书房"，惬意地在这里与书相约。而无数爱读书的深圳人，就是在这书城里，打动了时任联合国教科文组织总干事博科娃女士。2011年深圳大运会期间，第一次来深圳的她一天两次逛书城，被这座城市的阅读氛围所深深感染。博科娃说："我走过很多地方，去过很多城市，没有一个城市一个地方像深圳那样，那么多家庭、那么多孩子聚集在书城尽享读书之乐，这快乐温馨的场面，我永远都会记得。"

如今，这段话留在了中心书城墙上。两年之后，她在北京为深圳颁发"全球全民阅读典范城市"大奖时再次感叹："深圳推广全民阅读，已为世界树立了一个范例。"

国际荣誉、世界典范，属于热爱阅读的全体市民。深圳市民，是阅读的主体，亦是爱阅之城最坚实的基石。

最是书香能致远，满城尽是爱书人。今年 7 月举行的南国书香节暨深圳书展，让海内外嘉宾看到了深圳人的阅读热情。为期四天的首届深圳书展吸引了近 50 万人次和 45 家图书馆参与，主分会场图书零售共 1076 万元，馆配交易 4985 万元。书展那几天，电闪雷鸣、大雨倾盆，但丝毫没有影响市民热情，他们买书、看书、参加活动，乐在其中、流连忘返。看到如此景象，书展形象大使、中央电视台《读书》栏目主持人李潘说："深圳书展更像一个阅读嘉年华，不仅让更多优秀图书来到深圳，也让其他地方的人了解热爱阅读的深圳人，看见阅读为这座城市带来的力量。"

有几个城市的出版界负责人已在打听深圳书展办展模式，希望参考借鉴。我想，模式可以借鉴，市民难以复制。热爱阅读的市民不是一朝一夕养成的，二十年书香涵养，积健为雄，深圳市民在阅读中获得快乐与尊严。

今天的深圳，城市阅读氛围更为浓郁。2019 年 4 月，中国新闻出版研究院发布国民阅读调查报告，首发城市阅读指数排行榜，深圳在城市阅读指数、城市个人阅读指数、城市公共阅读服务指数三项榜单上均位居首位。

今天的深圳，热爱阅读已成为一种时尚生活方式甚至"新民俗"。深圳人均购书量连续 28 年保持全国第一。第十六次全国国民阅读调查报告显示，2018 年深圳成年居民人均阅读纸质图书 7.23 本，超出国民人均阅读量 2.56 本；人均阅读电子图书 11.21 本，超出国民人均阅读量 7.89 本。深圳已建成的五大书城成为重要地标，也成为城市文化客厅，每每外地游客来深圳，深圳人会自豪地带他们一起逛书城、品书香。

今天的深圳有 100 多个民间阅读组织，在深圳市阅读联合会的统筹下，成为推动全民阅读的新生力量。一大批默默耕耘的民间阅读组织用心播撒城市的阅读种子，他们培育的是市民们心底共有的凝聚力、家园感，锤炼出的是城市博大的人文胸怀。这些民间组织各具特色，对接不同年龄的读者、不同的生活群体、不同的工作群体，通过新颖活动展现书籍魅力、传递文化力量。其中，后院读书会、深圳读书会、三叶草故事家族、彩虹花公益小书房在全国有较高知名度，爱阅公益基金会倡导"高品质儿童阅读推动美好未来"，推行"阅芽计划"，向全市数十万 0—6 岁的儿童免费赠送"阅芽包"，为城市的未来奠基。2012 年 11 月，深圳市阅读联合会成立，成为国内第一个跨行业全民阅读民间组织。最近几届读书月，由民间阅读组织举办的活动占重点活动比例超过10%，形成政府与民间生动有效的文化互动。

如果说读书月是深圳这座城市的"高贵的坚持"，那么，这种"高贵的坚持"来源于我们可敬的市民。

真正的可持续是人的可持续。文化建设，最终体现在人的素质上，而人的第一位素质就是阅读。读书，不仅带给我们智慧之乐、心灵之乐、和美之乐，而且唯有通过读书这样的媒介，才能实现人的知识积累、理念更新、素质提升，才能真正培养人的科学精神、理性精神、人文精神，而这些与创新息息相关。

世界经验表明，阅读指数与创新指数高度契合，走在全球创新前列的，往往都是阅读排在前列的国家。比如以色列，它是全世界公认的最富创新力的国家之一，也是最善于学习的国家之一，人均每年读书多达64本。瑞士、瑞典、英国、美国、日本、德国等均如此。

创新已成为深圳的明显标识。美国彭博《商业周刊》誉之为"深谷"，英国《经济学家》则赋之以"硅洲"美名。我们常讲，创新驱动发展，那又是什么驱动创新？当看到各大书城席地而坐读书的人群，看到每天早上深圳图书馆门口等候入馆的长长队列，看到深夜流连在24小时书吧的人们，看到城市许多窗户透出的阅读灯光，看到公园、地铁、公交、书店等各个角落手不释卷的人们，我们会对一座城市的未来充满信心。

创新驱动发展，文化驱动创新。在深圳，一边是静水流深的阅读，一边是激情四溢的创新，正是这种学习氛围，不断推高深圳的创新指数。

五

阅读立法，保护每个市民的阅读权利，推动阅读进一步融入城市生活。深圳率先实现阅读立法，这个"第一"，是深圳在创造无数个"第一"之后又一个辉煌的表现，是永恒的、与城市共存的传统。

2016 年 4 月 1 日，《深圳经济特区全民阅读促进条例》正式颁布实施。在全民阅读中一直先行先试的深圳，再次创造了一个具有标杆意义的"第一"。

中国地方第一部关于全民阅读的法规在深圳实施，不仅意味着深圳作为改革开放的前沿阵地又创造了一个"全国第一"，也意味着每个深圳人的阅读权利、文化权利得到了进一步保障，更意味着因为阅读的蔚然成风，这座城市有了更为远大而美好的前途。正因如此，这个"第一"，比一时的经济数据更可贵，是永恒的、与城市共存的传统，将为深圳全民阅读事业发展增添恒久动力。

深圳全民阅读的率先立法历经千辛万苦，经过周密论证，做了大量工作。当很多人还不理解阅读立法的意义，甚至提出"阅读也要立法吗？""难道不读书还会犯法吗？"等疑问时，深圳心无旁骛，一心一意全力推动。《深圳经济特区全民阅读促进条例》（以下简称《条例》）成为国内阅读推广领域第一部运用特区立法权制定的法规，将深圳阅读活动"深圳读书月"法定化，并将每年 4 月 23 日世界读书日确定为深圳未成年人读书日。

《条例》的实施，从战略高度明确了全民阅读对城市未来发展的意义，是对市民阅读热情的肯定，是对个人阅读权利的保障。阅读立法，不是限制市民的阅读权利和阅读行为，而是为权利的实现提供保障和条件，是对每个市民阅读权利和城市阅读活动的法律保障，是为市民阅读提供更多更好的资源、产品和服务。同时，阅读立法有利于全社会形成一种文化自觉，从而使全民阅读真正形成全社会参与、全社会支持的格局。

《条例》的实施，对市民而言是权利的保障，对各区、各部门特别是宣传文化系统而言，是一份职责、使命和担当，那就是，切实履行《条例》所赋予的职责，担当推进全民阅读的表率，协同社会各界为全民阅读提供服务，组织开展广泛深入的阅读文化活动，努力实现市民的阅读权利。

《条例》的实施，明确了各种法定化的具体任务，包括组织拟定深圳全民阅读发展纲要、推动阅读组织的建立和发展、组织指导全民阅读活动等。这也意味着，对条例的贯彻重在落实，重在不遗余力地推动实施，把各项工作有计划分步骤地做好，更好地夯实城市的阅读根基。

我们欣喜地看到，随着阅读条例的实施，深圳拥有了更为恢宏的阅读气象——深圳读书月一届办得比一届好，阅读活动越来越丰富，民间阅读组织不断发展壮大，阅读设施日益完善，"一区一书城，一街道一书吧"的梦想逐渐成真。

值得欣慰的是，深圳把4月23日确定为未成年人读书日之后，每年"世界读书日"，深圳都举办了丰富多彩的亲子阅读活动，深圳亲子阅读水平快速提升。最新数据显示：深圳"图书馆之城"统一服务平台在册少儿读者办证量逐年增长，2018年少儿读者人均借阅量为22.23册，而同期成人读者为15.82册，少儿读者人均借阅量是成人读者的1.4倍。深圳儿童对阅读的热情从中可见一斑，而他们，正代表了城市未来的阅读水平与创新潜力。

未来，在阅读条例的实施中，一方面，政府部门要带头遵守法律，更加自觉地利用法律，把阅读纳入各级政府的规划，以推动和促进深圳的全民阅读作为重要依归。另一方面，阅读立法保护了市民的权利，市民也要更好行使阅读权利，主动自觉声张立法的重要性，充分运用各种立法的条款，比如阅读基金、未成年人阅读的保障措施等，参与推动条例实施。还有特别关键的一个方面，就是更好发挥人大代表和政协委员的作用，每年，可邀请他们对阅读条例实施情况进行检查，更好地督促条例实施，推动政府部门和各界更好形成合力，进一步提升深圳全民阅读水平。

深圳读书月一路走来，既有劳作者的艰辛，又有收获者的快乐，但更多的是与市民一起共享的荣光。

深圳是一座年轻的城市，我们不断在描绘着她的未来，比如科技将如何发展，创新将如何突破，市民生活将怎样精彩，等等，但我们更要考虑的，就是深圳未来将作为一种什么样的文明样式呈现给世界。

深圳这座城市是年轻的，但也是伟大的。她的伟大不仅仅在于其创造的物质财富，在这背后，她还代表着中华民族不屈不挠的奋斗意志和学习精神，是一种别样的、崭新的、高尚的城市文明样式的代表。

如果说深圳是民族复兴的一支先锋力量，承担着建设中国特色社会主义先行示范区的重任，那么，就让我们更加重视全民阅读吧，它是那样的优雅与深沉。这个世界上热爱阅读的民族，往往是受人尊重的民族。**期待着有一天，深圳读书月所造就的成果，能够使我们站在文明的巅峰上，和其他杰出的民族亲切握手，美美与共，使人类文明更加灿烂辉煌！**

·第三辑·

实践篇

深圳读书月：一座城市『高贵的坚持』

> 实现市民的文化权利

我们有理由相信：有朝一日，深圳文化发展史将记述这一事件，"深圳从 2000 年开始设立读书月，时间为每年 11 月"。

由深圳市委宣传部、深圳市文化局、深圳市新闻出版局共同主办的首届深圳读书月历时 30 天，包含 50 项主题活动，既扎实又热闹；开局气势如虹，前后虎头虎尾；参加者众，直接参与活动的市民多达 170 万人次，社会反响强烈。据调查显示，深圳近 89% 的市民知道深圳读书月及其活动。媒体好评如潮，中央和地方共 1000 多人次的新闻记者参与了采访报道，刊（播）发读书月的报道 600 余篇（条）。首届深圳读书月再现了深圳成功举办第七届全国书市的火爆场面。《新闻出版报》评论说："创办读书月，这是深圳的一个创举。"

首届深圳读书月能举办得如此红火、如此圆满，经验值得认真总结。而这种总结的意义在于，从探寻深圳倡导市民读书的社会背景、方法、模式，进而扩展到整个城市文化建设的层面上，洞识具有深圳自身特色的文化建设的道路，同时也为下届深圳读书月活动的开展提供必要的启示。

第一，城市需要文化，文化建设需要政府的有力推动和民间的广泛参与。首届深圳读书月能开展得如此圆满，首先得力于政府的推动，政府集中力量办大事的优势在读书月活动中得到了全面而有力的体现。美、日、英等国也举办图书节、图书馆周，但只停留在民间层面，政府根本不参与。深圳读书月则完全不同，具有源头清晰、任务明确、保障有力等特点。源头清晰，深圳的有识之士有感于第七届全国书市的空前盛况和深圳发展文化的万分紧迫，呼吁设立读书节（周），还上了市人大、市政协的工作提案；宣传、新闻、文化部门组织专家论证，一致认为可行而且必要，最后经市领导批准，市委宣传部以文件形式予以确定。任务明确，谋求通过读书月这种新颖而有效的形式，政府倡导，专家指引，全民参与，开展群众性的读书活动，增强市民素质，营造书香社会，提升城市文化品位；保障有力，市宣传文化基金据实拨给一定的活动经费，主办单位组织领导到位，协办单位领导挂帅，精心策划，狠抓落实，新闻媒体积极跟进，为之助阵造势，有关单位抽调精锐干才组成高效的办公机构，等等。如果没有来自政府的推动而是仅仅依靠几个单位、几个部门或几个人士，是无法达到这种盛况空前的效果的。

必须指出的是，**城市需要文化，而文化是共同的事业。既需要政府的大力推动，也离不开民间的广泛参与，文化创造的伟力来自人民，来自民间**。读书月组委会成立以后所做的第一件事就是成立深圳读书月读书指导委员会，主要职责就是向市民定期推荐优秀藏书与阅读书目。不仅这一组织是民间性质的，而且以中国科学院院士朱懋荣先生为代表的14位专家也完全是以个人的名义加入其中的，他们的工作完全是义务的。首届深圳读书月活动中的一些重头戏，不少就是民间推荐后经组委会采纳加以进行的。

这次读书月的一条重要经验就在于，始终把政府的推动与民间参与结合起来，形成了政府与民间的极为生动、极有效率的文化互动关系。广大群众的读书热情得到了最大限度的调动，读书月实实在在地办成了老百姓自己的事情。正因为如此，才有万头涌动的热闹场面，才有讲学习、好读书的浓烈氛围。

第二，**文化工作必须保障最广大人民群众的文化权利的实现**。联合国于1966年12月通过，1976年1月正式生效《经济、社会和文化权利国际公约》，明确规定了公民应有的文化权利，其目的就是要在世界范围内保障公民应有的文化享受与文化消费的基本要求。该公约的意义，诚如其序言所说："按照世界人权宣言，只有在创造了使人可以享有其经济、社会及文化权利，正如享有其公民的政治权利一样的条件的情况下，才能实现自由人类享有免于恐慌和匮乏的自由的理想。"现阶段我国还处于社会主义的初级阶段，经济建设是根本的任务，保障经济权利是首要的。与此同时，党和政府大力发展文化事业，在保障公民的文化权利方面做出了不懈的努力，特别是党的十五大将文化与政治、经济相提并论，更是把文化工作的重要性提高到了前所未有的高度。在我国的沿海经济发达地区，随着经济的飞速发展，民生状况也显著改善，相应地，公民的文化权利的实现也已经成为这些地区政府的一项不可忽视的主要工作，并且列入重大工作日程。深圳市委、市政府提出的"文化发达"的奋斗目标就是面向新世纪的重要决策。创立深圳读书月的目的就是要从读书这一最为基本的文化行为、文化权利入手，使更多的市民群众能参与到这一活动中来，享受读书的乐趣，满足求知的渴望，达到提升自我以适应社会和未来之目的。

读书月活动自开展以来，始终关注、调查了解并实现最大多数人的读书愿望与读书权利。组委会组织专家反复甄选、推荐100种藏书与阅读书目（第一批），深圳书城及各主要门市八五折优惠销售，海天出版社向58家达标的村级图书室赠书等活动都是有益的尝试。读书的权利与读书的兴趣是紧密联系在一起的。只有了解并努力满足广大市民群众的读书要求，才能真正谈得上实现读书的权利与愿望。为此，读书月组委会还专门就"深圳人的读书状况"进行了问卷调查，从读者群体结构、读书消费状况、读书时间及方式、读书兴趣及目的、购书环境与图书市场、读书月等六个方面，进行认真的统计分析，研究群众的读书需求，并努力通过读书月的形式，来满足其要求。

第三，文化生产和流通的经济效益与社会效益绝不是对立的，更不能人为地割裂二者的关系。文化是综合国力的重要标志，也是关系到国民素质和民族凝聚力的长远的事业。

因此，社会主义的文化生产首先要把社会效益放在首位，突出其公益性。但是，这并不意味着就不需要经济效益，而是要在保障社会效益的前提下，增进经济效益，同时促进经济效益与社会效益的最佳结合。遗憾的是，由于受旧有的计划经济模式的束缚，文化工作者甚至文化生产的管理者的思想常常得不到应有的解放，常常不敢或不愿提经济效益，致使文化事业更多的时候仅仅依靠政府的外部投入和接济，自我生存、自我发展的内在活力严重不足。事实上，文化生产的经济效益与社会效益并不就是对立的，相反，它们往往是内在统一的。没有经济效益的文化产品，要么质量不好、档次不高，要么销不对路，群众并不需要它。这就意味着缺乏市场竞争力，也难以满足最广大人民群众的文化需求，其社会效益的实现往往也是一句空话。这次读书月活动的开展就是一个例证。

在首届深圳读书月期间，深圳目前最大的购书中心——深圳书城一直是人们关注的热点。深圳书城作为图书销售部门，其在读书月期间的销售业绩，就足以证明经济效益与社会效益是内在统一、相互促进的。据统计，读书月期间深圳书城日均人流量达到 3.5 万人次，比平日增加 30% 以上，最高峰时达 7 万人次。图书、音像、数字化等出版物的销量增长率达 40% 以上。不仅吸引了深圳本地的读者和单位，广东其他县市和福建等地图书馆也闻讯前来采购，采购额近 100 万元。读书月活动不仅调动了广大市民群众的读书热情，也极大地刺激了图书市场，深圳人购书读书的热情空前高涨。在读书月期间由专家推荐的100种图书，基本上是以提高人文素养为目的的，这些推荐图书的销售最为突出，11月累计销售3万册、70万元。深圳书城陈列15万种图书，300种畅销书排行榜中，推荐书目占了47种，其中前十名均为专家推荐图书。更加证明了经济效益与社会效益相互统一、共同促进的关系。事实证明，正如图书市场一样，文化市场也是满足广大人民群众文化需求的重要阵地，健康有益的文化产品是完全可以占领市场并取得可观的经济效益的。随着广大群众的文化素质和文明程度的不断提高，对健康有益的文化产品的需求也是不断增长，而相应的文化生产也会在经济效益与社会效益两个方面取得更大的收益。

第四，**城市的辐射力和认同感最终来源于文化**。美国社会学家默顿·M.亨利定义："文化是人类所学习和共同享有的一切。"基于以上认识，人类的物质生产和精神生产最终都可以归结为文化，文化是物质文化和精神文化的总和。我们暂且避开讨论个人和群体的认知心理机制，可以断言，对一个城市的认同开始于和归结于对这个城市的文化的认同，决定一个城市辐射力、影响力、知名度的是文化。

经过20年的建设和发展，深圳社会的各个方面都发生了翻天覆地的变化，社会主义物质文明和精神文明建设都取得了丰硕成果。我们有令人骄傲的八大文化设施，有光彩夺目的国家级和世界级的文化大奖，有在建的气势恢宏的文化中心，还有令人惊羡的深圳书城和她不断流淌的滚滚人潮。但是，光有这些还不够，必须承认，我们文化基础还相对薄弱，我们的文化积淀还相对不足。这些相对薄弱和相对不足的东西，就是我们正在努力追求和创造的，就是我们建设现代文化名城的历史使命之所在！

文化之于一座城市，恰如这个城市的名片。文化工作和文化工作者的职责，就是打造、锤炼这张名片，使之熠熠生辉、金光闪闪。从这个意义上说，创立深圳读书月，不仅是一个创举，而且是深圳文化工作的一招重拳。为了办好每一届读书月，各方面的同志仍须继续努力。

> 一座城的"高贵坚持"，千万人的"幸福享受"

生活在深圳的人，有一个属于自己的"文化狂欢节"。

"文化狂欢节"的说法，来自深圳读书月组委会特别顾问、北大教授谢冕——"在我走过的城市中，还没有看到一个城市像深圳这样，好像每天都过着文化的狂欢节。读书月的持续举办，让我们看到了一个城市百折不挠的文化攀升。"

金秋深圳，最美的季节里，总有琅琅书声。十年的精心培育，读书月融入了每位深圳人的精神生活；十年的苦心磨砺，阅读牢固地嵌入深圳这座城市的文化根系和精神血脉。深圳，正在成为一个因热爱读书而受人尊重的城市。

一、一座买书创纪录、读书排长队的城市，有了自己的读书月

催生读书月的，是深圳人在阅读上的"先知先觉"。

深圳是中国最年轻的城市，来深圳的人都怀揣各种各样的梦想。实现梦想的动力，就是不断地知识更新和信息滋养。正因如此，人们对知识和信息的追求就更加自觉主动，这座青春都市也就有了巨大的读书热情。其中，有两件事让我印象尤为深刻。

第一，是 1996 年 11 月的第七届全国书市。全国书市，这个曾被别的城市认为是亏本买卖的"烫手山芋"，在深圳变成了"香饽饽"。这是出版界一次史无前例的盛会，当时，为控制顾客的数量，开业当天实行售票，5 元一张门票，没想到当天前来参观购书的市民依然多达 10 万人！短短 10 天，深圳书城销售额高达 2177 万元，一举创造了 7 项全国纪录。

第二，是深圳当时的图书馆现象。记得原来在北京读书工作时，常为了写论文跑北京图书馆，当时的北京图书馆可谓门可罗雀，去借书时畅通无阻，可是，来到深圳后发现，这里的图书馆总是座无虚席，年轻人都排着队进去读书。

我曾在团中央工作过，记得团中央领导多次告诫我们，知识的积累，决定一个人最终的高度，也决定一个国家和一座城市最终的意义，我们要为 21 世纪读书学习。来深圳工作后，目睹人们学习读书的热忱，我曾在 1996 年为《深圳青年》杂志写下一篇卷首语《为了 21 世纪回炉》：

"在深圳，10 个蓝领中有 6 个曾经和正在回炉，而在白领中是 4 个，平均言之，这个城市有一半左右的劳动者，在辛勤地工作一天后，还要透支精力、花费财力，艰苦地学习。这是怎样的精神与价值！""一个人能够坚持不懈地学习，他是在进取，而当一代人和一个民族都有这种持续的热情时，那将是种族的幸运。"

市民的读书热情和求知渴望，引发了我们的深深思索——作为政府行业主管部门，我们应该在市民阅读行为中发挥怎样的作用呢？也许，举办专门的读书活动，正是一条绝佳路径。这时，媒体的声音出来了，深圳市图书馆副馆长、深圳市政协委员刘楚材的提案上来了——《关于建立"深圳读书节"的提案》，与我们的设想不谋而合。

1998 年 4 月，文化局新闻出版处开始调研，提出策划草案。我们寻思着，设立读书节还需人大审批通过，改成什么好呢？设立"读书周"吧，时间太短，还没热起来就闭幕了。最后，我建议把"读书节"改成"读书月"。2000 年 4 月，我们向深圳市委宣传部递交《关于在我市举办"深圳读书月"活动的报告》，并向时任深圳市委宣传部部长白天同志做了汇报。不久，深圳市委宣传部正式批复"同意每年 11 月为'深圳读书月'"，时任深圳市委副书记李统书也专门批示"好事，要尽力做"。

2000 年 11 月 1 日上午 10 点，首届深圳读书月在深圳书城北广场隆重启动。那一天，深圳市领导李统书、周长瑚来了，老领导李灏、厉有为来了，机关干部、企业员工、武警战士、中小学生都来了，彩旗气球飘起来，威风锣鼓响起来，深南路上行人驻足、车辆减速。那一天，我主持并宣布首届读书月开幕。**我们希望，深圳民间蕴藏的巨大读书热情将通过读书月得到充分释放，市民的阅读权利将通过读书月得到充分满足。**

二、一路风雨同行，读书月拥有"全世界最高级的顾问团队"

读书月的设立，被媒体誉为"深圳人的又一创举"。

创举，就意味着没有经验可借鉴，我们要摸着石头过河。如何办好读书月？我们为读书月请来了"全世界最高级的顾问团队"。

2001 年 10 月 26 日，读书月组委会聘请老领导李灏、厉有为、李海东同志为总顾问，同时向饶宗颐、金庸、陈佳洱、谢冕、余秋雨、牛憨笨六位先生发出"特别顾问"的聘请书。

三位老领导，在深圳"杀出一条血路"中功勋卓越。在位期间干得轰轰烈烈的他们，却有一个共同遗憾，就是觉得深圳的读书风气还没有形成，所以，他们非常乐意帮助我们来推动读书月。读书月有个惯例，在组委会全体会议前夕，必定专门向总顾问汇报年度主题、重点活动，请他们提出宝贵意见。记得在党的十六大提出"建设和谐社会"之后，组委会办公室公开征集读书月总主题，经几番讨论，我们拿出三条备选。在征求意见时，三位老领导异口同声"'阅读·进步·和谐'好！"一时传为佳话。每每读书月启动，他们只要在深圳，一定准时参加。有一次，李灏同志脚扭了，还坚持在主席台上站了 50 分钟，他笑着和我说："读书月我是一定要参加的，明年可不要罚我站了！"如此真情，怎不让人感动？

读书月的特别顾问，都是德高望重的鸿儒大家，他们为读书月不遗余力，或登坛开讲，或推荐好书，或策划创意，或题词赠字，总给我们许多收获和惊喜，了解欣赏读书月的他们，成为这一品牌自觉的传播者、真诚的推广者。

金庸先生来深圳参加读书月活动时，我们安排他住在五洲宾馆，他一直说这里太高级了，住商务酒店就可以，还要自己付房费。我们给他讲课费，他更是分文不收。逛书城时，他坚持自己掏钱买书，"我应该对深圳文化有自己的贡献"，他对读书月印象深刻，"深圳这样一个年轻的城市有如此欣欣向荣的读书尚学风气，是我没有意料到的"。饶宗颐先生在 84 岁高龄时，成为读书论坛第一位开讲嘉宾，这对读书月是多么巨大的支持啊，时隔多年，老先生还动情回忆："能够为读书月做第一讲，我很自豪。"

据统计，现在，读书月高级顾问团的平均年龄达到了 82岁。他们的求学治学精神，他们的人格魅力，为读书月增添了无限风华。一批在中国文坛、思想理论界群星闪烁的学者，也在一起对读书月相助支持，对读书月口口相传。

三、一群敢于担当的人，推动读书月"拾级而上"

读书月的阅读理念不断推陈出新。看看多年来的主题，我们可以清晰勾勒出一座城市全民阅读的历史变迁。

首届读书月提出"营造书香社会，共创美好未来"，第二届提出"探求科学真理，弘扬人文精神"，第三届提出"建设公民道德，实现文化权利"，第四届、第五届分别提出"提升城市品位""提高市民素质"，前几届属于读书月的造势阶段，场面上热热闹闹，形式上丰富多彩，让市民逐渐熟知了读书月。第六届到第九届属于巩固成长阶段，我们提出"阅读·进步·和谐"作为总主题，每年再设年度主题，如"实实在在读一本书""我阅读·我快乐"等，在阅读已为市民所广泛认可的前提下，我们关注着市民的阅读感受。

在走到第十个年头时，读书月进入创新提升阶段，跳出了阅读的小圈子，进入城市的大视野。"城市推崇阅读，阅读改变城市"的主题告诉我们什么呢？十年不辍的含英咀华，十年不辍的苦心经营，十年不辍的机制创新，十年不辍的精神浸润，阅读已和这座城市的人密不可分。

从首届的50项活动、170万人次参与，到第十届的372项活动、900万人次参与，读书月的发展轨迹，犹如一条漂亮的上扬曲线。

十年磨一剑！正是一批敢于担当的人，一群热爱读书的人，把"读书月的事当作自家的事来办"，推动着读书月拾级而上。一批同道，多年如一日地把读书月当作一种崇高追求，这批志同道合的同仁成为读书月的中坚力量，也为深圳学派奠定了发展基础；作为读书月的总承办单位，原来的新华书店，现在的深圳出版集团，以及特区文化研究中心始终在充满创意地开展工作；市文化局、市教育局、市工青妇等单位也在各自领域尽心尽力。

举办读书月的过程中，媒体的力量不容忽略。报业集团和广电集团是读书月始终一贯的宣传者、推动者和组织者，深圳商报的"文化广场"、深圳特区报的"文化星空"对读书月给予全面生动的报道，本身也是多种活动的策划者；广播电台举办的诗文朗诵会成为诗人的盛宴、市民的节日。人民日报、新华社、光明日报、中国青年报等中央媒体陪伴着读书月一路走来，一路传播，当其他媒体聚焦深圳的经济指标时，他们目光灼灼地关注着深圳人的精神生活，体现了对深圳人的精神品位的一种尊重。

一个文化品牌的创办与坚持，不仅需要理性，还需要激情，正是一大批单位和一大批人的用心浇灌，才让读书月独树一帜、闻名遐迩。

四、一座 40 岁的城市，以 20 年打造文化品牌、构筑文明样式

作为改革开放的排头兵，深圳被赋予不断探索和先行先试的使命。深圳持之以恒地开展读书活动，说明了读书活动在深圳的政治生活、经济生活、文化生活中的地位，说明市委市政府的战略眼光和全市的一种基本态度。历届市领导都精心呵护着读书月这一品牌，总抽空出席重要活动，而他们本身也是城市全民阅读的领航者，有些市领导在调离深圳时，

行李中最多的就是书。

中国有句老话，"忠厚传家久，诗书继世长"。站在今天公民社会的角度看，阅读是一种最基本的人的文化权利，基本文化权利要得到保障，就要让每个人都读好书。读书月，正是市委市政府保障市民文化权利的责任感与广大市民积聚已久的文化需求激情碰撞的产物。在2001年，我写了一篇文章叫《实现市民的文化权利》，实现市民文化权利，成了多年来我们开展读书月活动的出发点和落脚点。

十年来，书香像阳光一样洒满深圳的每一个角落。读书月，涌现了读书论坛、藏书与阅读推荐书目、中外经典诗文朗诵、年度十大好书评选等一批知名品牌，让市民享受到读书之乐。值得关注的是，**当一些城市的读书活动在开展若干年后变为"鸡肋"时，深圳读书月却长盛不衰。因为读书月有一个独特模式，就是"政府倡导、专家指导、社会支持、市民参与"，搭建一个营造城市文化氛围、提高市民文化素质的广阔平台。因为读书月总是创意不断，每年都有新活动新亮点。**以读书论坛为例，在举行了几届之后，读书月创新了形式，让名家"在历史的天空下"对话，金庸与二月河"南北大侠"的论剑，星云法师与刘长乐的交流，自是一票难求，最受欢迎。

去深圳的书城和图书馆看看吧，那里处处有人们认真阅读的身影；到大街小巷、工厂校园走走吧，600多个图书馆和24小时自助图书馆在等待着爱书人的到来；和公务员、白领、打工者聊聊吧，读书已成为他们生活中不可或缺的部分……**从知识获得力量，从经典汲取智慧，从文明启迪创新，崇尚阅读、求学问道，已沉淀为我们城市一种共有的精神气质。**

读书月特别顾问、北京大学原校长、中科院院士陈佳洱曾热情寄语第十届读书月："十年磨一剑，未敢试锋芒。再磨十年后，泰山不可当。"展望未来，**我们通过阅读，走向一种"高贵的单纯，静穆的伟大"。**读书，是一座城市的"高贵的坚持"；读书，是千万民众"幸福的享受"。

> 一座因热爱阅读而赢得尊重的城市

深圳读书月创立以来，很多人都在问，读书月和读书是什么关系？换而言之，难道读书只能在读书月吗？也许，我们可以用一个生动比喻来回答这个问题：

你可曾见过浩瀚的钱塘江，"八月十八潮，壮观天下无"，八月的潮水使钱塘江闻名于世。潮水，是钱塘江八月一个壮观的景色，而钱塘江水是无声无息、浩浩荡荡、从古至今一直流淌的，正如我们的读书和读书活动一样。可以说，每年 11 月，就是我们读书的钱塘潮，而全年的读书就是浩荡的、永不回头的、一直流淌的钱塘江水。

一

深圳，源于伟人邓小平的"创意"和"设计"，这是中国最年轻的城市，汇聚着来自五湖四海的移民。早在 20 世纪 80 年代，商潮涌动的深圳经济特区就有了浓郁的读书氛围，图书馆总是座无虚席，年轻人都排着队进去读书，而 1996 年 11 月在深圳举行的第七届全国书市更是创下了短短 10 天书城销售额高达 2177 万元的全国多项纪录。

2000 年 11 月 1 日，首届深圳读书月启动。读书月在深圳经济特区的率先诞生，体现了深圳人在阅读上的"先知先觉"，体现了一种高度的文化自觉。深圳缺乏深厚的文化底蕴，是曾经的文化边缘之地，但是，有人的地方就有文化，千万移民足以在一张白纸上描绘出属于自己的文化画卷！从创办读书月那一天起，我们希望，深圳民间蕴藏的巨大读书热情可以通过读书月得到充分释放，市民的阅读权利可以通过读书月得到充分满足，城市的想象力和创造力可被读书月持续点燃。

深圳读书月，是对深圳人潜藏的读书热情和对知识的渴望的一次展示和亮相，被媒体称为深圳的一项创举。读书月的举办，是深圳的一种理性的战略选择，历届市委市政府都给予了读书月无比的期望与厚爱。2013 年，深圳读书月已举办十四届，举行了约 4000 项阅读活动，参与人数从首届的 170 多万人次上升到第 14 届的千万人次，被市民和专家亲切地比喻为"精神文化的盛宴"和"城市文化的狂欢节"，成为城市的文化名片和实现市民文化权利的重要载体，成为中国全民阅读的"深圳奇迹"和"深圳样本"。

每年的读书月已成为许多市民最为期待的盛会，就如同《我们爱读书——深圳读书月宣言》中所说："一年一度，我们与书相约，同赴一个知识的盛筵；一年一度，我们与知识相约，共享一番读书的愉悦。以书为媒，我们与每年的 11 月结下深深的情缘；以书为媒，我们把每年的 11 月都变成了心灵的狂欢节！"每年读书月的活动都丰富多彩，"读书论坛"

里，鸿儒大家与市民亲密接触；"中外经典诗文朗诵"中，名家演绎让深圳人如痴如醉；"年度十大好书"成为业界风向标，引领人们从"好读书"向"读好书"转变；"温馨阅读夜"为市民奉上丰盛文化大餐，通宵尽享读书购书之乐。年复一年，读书月在持续的创意推动下，搭建起市民参与和享受文化大餐的大平台，呈现出越来越旺盛的生命力和吸引力。

钱塘潮，气势磅礴；钱塘水，奔涌不息。一年四季，深圳的阅读活动层出不穷、市民的阅读热情持续升温，城市的阅读场所人头涌动，在图书馆、书城，在地铁、公交，在公园、海滩，在大街、小巷，在学校、社区，随处可以看到捧卷而读的人们。在深圳有一家24小时书吧，迄今已有近7万个小时不打烊的纪录，从亮灯第一天起，我们就对它有一个期许："哪怕这座城市陷入一片黑暗，这里的灯也会亮着。"无论是在静谧的深夜、星光隐去的凌晨，还是在热闹的午后，24小时书吧总在为人们守候，宛如一座"永不熄灭的精神灯塔"照亮这座阅读不夜城。

正因如此，诺贝尔文学奖获得者、著名作家莫言在来深圳读书月做客时才有这样的感慨："深圳人将读书月这种社会化的群体活动逐渐内化成个人的一种习惯性行为。因为读书月，深圳拥有了一段静美时光。"

二

"让城市因热爱读书而受人尊重"，是人们耳熟能详的"深圳十大观念"之一。这一观念，来源于第六届读书月。在 2005 年的读书月前夕，我们提出这个年度主题，为一直因速度、效益而闻名的深圳，从精神层面上锁定了一个大气磅礴的新目标。

城市可以因为热爱读书而受人尊重吗？ 2013 年，深圳荣获"全球全民阅读典范城市"称号，给了我们的执着追求一个美好而肯定的回答！

2013 年 10 月 21 日，时任联合国教科文组织总干事博科娃女士在北京出席联合国教科文组织创意城市北京峰会和首届国际学习型城市大会时，亲手把"全球全民阅读典范城市"证书颁发给深圳市市长许勤。对于深圳的全民阅读，博科娃有着这样的评价：深圳在全民阅读方面所做的种种努力让人印象深刻，一系列做法和经验对联合国教科文组织都很有启示。授予深圳这一称号，是为了表彰深圳坚持不懈推动国际化建设和全球文化交流合作，尤其在推广书籍和阅读方面为全球树立了典范。

从一座被戏称为"文化沙漠"的城市，到因为热爱读书而赢得世界的尊重，是读书月播撒的种子破土成林，让深圳变得郁郁葱葱。

"高贵的坚持"，让深圳获得了"高贵的荣誉"。"全球

全民阅读典范城市"，这个来自国际社会的高贵荣誉，属于深圳市委市政府和全体热爱阅读的市民。正是他们，在这个年轻的城市创造了文化发展的奇迹——因为这个城市信奉，文化尤其是阅读是可持续发展的关键；这个城市信奉，要让城市因为热爱读书而受人尊重；这个城市信奉，中国的优秀文化不仅是我们的尊严和宝贵财富，也是人类智慧和财富的重要组成部分。

深圳经济特区自从成立以来，一方面肩负着经济探索的任务，另一方面也在中华民族伟大复兴的进程中探索着自己的文化道路。作为改革开放之城，深圳一直是改革开放的排头兵。排头兵的界定范围原来是集中在经济领域，后来拓展到社会建设，但今天，我们可以把这一范围进一步延伸，就是在文化上特别是全民阅读上，深圳同样是排头兵，而这个排头兵对国家乃至对民族的影响都是重要的，而且从更长远意义上来讲，深圳多年来一心一意、坚定不移地推广全民阅读，是在快乐地做着前无古人而且辉煌美好的事。这个荣誉，是国际社会对全民阅读和文化发展的认可。因为这个荣誉，热爱阅读的市民可以感受到世界注视的目光，这就是联合国教科文组织给我们荣誉的意义所在。

深圳获得这个荣誉，意义不在于奖牌本身，而在于对全体市民"以读书为荣，以读书为乐，以读书为用""让城市因为热爱读书而受人尊重"等理念的理解和赞赏。

每座城市都有发展的关键期，如同一个儿童的生活习惯

和学养将影响其一生，我们经常看到很多城市突然兴起又突然消亡，而有些城市一旦崛起之后就成为千古名城，关键就看在其成长的关键期，植入了什么文化因子，最终决定了这个城市的气质、气韵和文化形态。

读书月走过的岁月，正是深圳文化形成的关键时期。深圳是一座生机勃勃的城市，但一开始确实很浮躁，而阅读，可以使一个人从粗俗变得文雅，从浅薄变得深厚，从浮躁变得从容，从窘迫变得淡定。深圳人带着理想、感情、追求和担当，脚踏实地地推进全民阅读，于无声之中润化心灵，让许多躁动的心因为读书而充满宁馨欢愉，为这座年轻城市注入了沁人心脾的诗书之气，为城市的发展加注了充足后劲，构建了崭新的城市人文风景。

三

古人云，"三十而立，四十而不惑"，从"而立"进入"不惑"的深圳，更需要大气和优雅。要做到大气优雅，要做到"不惑"，就要靠这里的人们持续阅读，继续保持对知识旺盛的渴求。"不畏浮云遮望眼，只缘身在最高层"，深圳要想站在最高层，清醒地认识客观世界，就需要有睿智的目光、理性的思考，要有知识有智慧。保持阅读的热情，也是保持这座城市的动力和热情。

深圳读书月，是这座城市自觉地追求文化，积极地崇尚知识，以及面向未来的前瞻性、战略性选择。读书月既展示了现代人的一种全新的生活方式，同时又展示了深圳人的精神世界。深圳读书月的问世是一次政府与民间的双赢，而它的问世对深圳这个城市气质和品位的影响，愈往后愈见深远。时光荏苒，我们所留给后世的，不应只是物质上的丰饶，还要有丰富的精神创造。我们筑造的不仅是高楼大厦，通过阅读，我们还在创造一种高尚的城市文明样式。

阅读，对于民族、城市、个人而言都是可持续发展的关键。"空谈误国，实干兴邦"。以智慧和知识去实现梦想，是深圳人实干的一种方式，也将是中国人"实干兴邦"的一种理性选择。

过去几十年，深圳一直在做着别人想做或未做的事，现在，在全民阅读中，我们一样要去做那些别人还在想而我们已经在做的事。这是深圳的气量，亦是深圳的品格，在文化上如此，在阅读上如此，深圳可以继续领先。

在首届读书月结束时，我们对读书月的未来，提出了这样的期许："我们有理由相信，有朝一日，深圳文化发展史将记述这一事件：深圳从 2000 年开始设立读书月，时间为每年 11 月……"

如今，读书月活动迎来新的发展时期，我们不禁畅想起它再办五年、十年后的城市风景：

那时的深圳，定然是高楼广厦、波光帆影，到处闪烁着人们的智慧和机敏；那时的市民，定然是气定神闲、优雅飘

逸，处处彰显着文明的风采和精神。斐然的文化成就，集中了人们的经验和思想；可观的财富积累，使各处都充满着乐观主义光芒。平民艺术趣味提升使城市崇尚美与和谐，而普通市民身上又能展现出一种静穆的伟大，高贵的单纯。

> 读书月群星闪耀时

2019 年 11 月，深圳将迎来第 20 届读书月。

不知不觉中，深圳开全国风气之先，在全国首创的读书节庆已走过了 20 个年头。

20 年来，深圳人带着理想、热情、智慧和担当，脚踏实地推动全民阅读，于无声之中润化心灵，以大气压制浮躁，以优雅驱逐粗俗，让这座城市因热爱读书而受人尊重，也为深圳未来跻身全球一流城市之列赋予了深厚的自信和力量。

正所谓"八月十八潮，壮观天下无"。我一直喜欢这样比喻：读书和读书月，就如同钱塘江和钱塘潮。每年 11 月的深圳读书月，就是我们读书的"钱塘潮"，而全年的读书就是浩荡的、永不回头的、一直流淌的钱塘江水。在 20 年的重要节点，我们从阅读这条"钱塘江"溯游而上，哪些人，哪些事，最值得我们感恩和致敬？

仰望读书月的星空，群星闪耀，璀璨夺目。我特别想和大家分享其中四个人与读书月的故事。**正是由于他们的支持，读书月的星火从深圳开始点燃、从深圳走向全国、从中国走向世界，让深圳成为中国人热爱学习、薪火相传的一个优秀代表，成为中国一个热爱阅读的城市典范，自信屹立在世界东方。**

刘楚材：老馆长的提案与读书月的诞生

深圳读书月的诞生，要特别感谢一个人。他，就是时任深圳图书馆副馆长刘楚材。

1996年，深圳市政协委员刘楚材提了一个关于设立读书节的提案，但没有得到有效办理。1997年，深圳市两会前夕，我和他一起散步时，聊到读书的重要性，很有共鸣。刘馆长说，他1996年提了一个提案，希望设立读书节，但还没落实。当时，我刚好担任深圳市文化局（现为深圳市文化广电旅游体育局）副局长并分管新闻出版工作。我说："这个提议很好，今年你继续提，文化局来受理，我们一起唱个'双簧'。"

于是1997年，刘馆长就在深圳市两会期间再次提出设立深圳读书节的提案。这次深圳市文化局党组高度重视，我们专门组织人员调研，发现问题主要出在"节"字上。从中央到地方都明确规定，设立各种节庆活动要严格审批，非常不易。我想既然难批，就不要叫"读书节"，索性改成"读书月"。

2000年4月，我们向深圳市委宣传部递交《关于在深圳市举办"深圳读书月"活动的报告》，并向时任市委常委、宣传部部长白天同志作了汇报。不久，市委宣传部正式批复"同意每年11月为'深圳读书月'"，时任市委副书记李统书同志也专门批示"好事，要尽力做"。

2000 年 11 月 1 日，首届深圳读书月在深圳书城罗湖城隆重启动。那一天，我主持并宣布首届读书月开幕。我们希望，深圳民间蕴藏的巨大读书热情将通过读书月得到充分释放，市民的阅读权利将通过读书月得到充分满足。

深圳读书月的诞生，要感谢刘楚材，也要感谢热爱读书的深圳市民。催生读书月的，是深圳人在阅读上的"先知先觉"。

深圳是中国最年轻的城市，来深圳的人都怀揣各种各样的梦想。实现梦想的动力，就是不断地知识更新和信息滋养。正因如此，人们对知识和信息的追求就更加自觉主动，这座青春都市也就有了巨大的读书热情。

举两个例子，一个是 1996 年 11 月的第七届全国书市，当时为控制顾客的数量，开业当天实行售票，5 元一张门票，没想到当天前来参观购书的市民依然多达 10 万人！短短 10 天，书城销售额高达 2177 万元，一举创造了 7 项全国纪录。一个是深圳图书馆的阅读景象。记得原来在北京读书、工作时，常为了写论文跑北京图书馆，当时的北京图书馆门可罗雀，去借书时畅通无阻，可是，我到深圳后发现，这里的图书馆座无虚席，年轻人都排着队进去读书。我想，正是图书馆里每日络绎不绝的市民对阅读的渴求，深深打动了刘楚材，才让他有了设立读书节庆的提案，可谓相辅相成。

"吃水不忘掘井人"，刘楚材是第一个掘井的人，没有他的提议、执着，读书月可能不会那么早诞生，我们不能忘记他对深圳的贡献。

邬书林：点赞"深圳模式"，阅读星火燎原

放眼全国，从深圳点燃的全民阅读"星火"，在全国已成"燎原"之势。那么，读书月如何走向全国？

每年读书月，我们都会看到一个熟悉的身影，那就是深圳人的老朋友、原国家新闻出版广电总局副局长邬书林。邬书林，是我国全民阅读发展的重要倡导者和推动者之一，也是深圳读书月发展的见证者和重要推动者。

深圳读书月创立后积极倡导"全民阅读""建设书香社会"。第一次见到邬书林时，我和他讲起这些概念，他特别感兴趣，对深圳支持有加，才有了我们多年的坚持。当时，深圳在全国率先开展读书月，有壮怀激烈亦有"荷戟独彷徨"，我们希望深圳探索可以得到有关部委的肯定与支持，而邬书林的认可，代表了这样一种声音。

后来，邬书林在深圳调研时，我们提出希望：读书月十年之际，能否在深圳举行一次全民阅读现场会？他凭着敏感和直觉，看到读书月在全民阅读中的重要意义，明确表示支持。

2009 年 11 月 1 日至 2 日，在第十届深圳读书月的满城书香中，一场由中共中央宣传部、中央文明办、新闻出版总

署主办的"全民阅读活动经验交流会"在深圳举行。

交流会的高规格和重要性显而易见：由中央三部委联合主办的全民阅读活动经验交流会，是中华人民共和国成立 60 年来召开的第一次倡导全民阅读的交流会，对进一步推动全民阅读活动具有重要意义。中共中央宣传部、中央文明办、文化部（现为文化和旅游部）、新闻出版总署、中华全国总工会、共青团中央、全国妇女联合会、解放军总政治部等单位相关负责人，全国几十个省市宣传部、出版局的负责人汇聚鹏城，共商阅读大计。

就在这次会上，邬书林在总结中国全民阅读的基本经验时，以深圳为例进行说明："深圳这座常住人口只有 800 多万的年轻城市，已经拥有 4 座经营面积超过 1 万平方米并且周末都是人潮涌动的大型书城，还有近 400 多家图书馆构成了遍布社区、街道的图书馆网络，广大市民在读书月期间的读书时间比平时更有较大增加。"他评价，2000 年，深圳市委市政府首创深圳读书月，在全国开风气之先。十年来，深圳读书月持之以恒在全社会推广阅读理念，为营造书香社会做出重要贡献。经过十年发展，读书月活动规模由小到大，创造了读书文化节庆的深圳模式，为全国全民阅读活动的开展起到很好的示范作用。

他的一句点评掷地有声——"深圳读书月是全国性全民阅读活动的起因，也是全民阅读活动的一个品牌"。

对于全民阅读而言，深圳是"起因"，也是"品牌"。这场高规格交流会的举行，凸显了深圳在中国全民阅读中的引领地位，进一步激发了我们的斗志，推动全民阅读在读书月十年之际再出发，驶向波澜壮阔的未来。

在读书月迎来 20 年时，我们始终铭记着以邬书林为代表的国家新闻出版部门对读书月的呵护关爱。可贵的是，最近几年，他一次次为深圳读书月"发声"，读书月点点滴滴的进步，都让他欣喜、欣慰。2018 年读书月，邬书林正式受聘为读书月特别顾问，我们相信，他和读书月的情谊将历久弥深。

金庸：参加读书论坛，激赏阅读气象

2018 年 10 月 30 日，在第十九届深圳读书月启动前几天，深圳读书月特别顾问、一代武侠小说泰斗金庸老先生溘然长逝，享年 94 岁。这一年的读书月启动仪式上有个特别致敬环节，当金庸老先生的照片定格在舞台大屏幕上时，大家的敬意油然而生。刹那间，老人家与读书月的种种故事，在我的脑海中清晰浮现。

2004 年，金庸作为深圳读书月论坛嘉宾，以"中华民族强在融合"为题发表演讲。当时，我们安排他住在五洲宾馆，他一直说这里太高级了，住商务酒店就可以，后来是自己付了房费；组委会给他讲课费，他分文不收；逛书城时，他坚持自己掏钱买书，还说"我应该对深圳文化有自己的贡献"。

金庸先生到深圳当天，我们一起为他设宴接风。席间，我们诚邀他当读书月特别顾问，老先生没有马上答应。后来，他突然和我提起《孙子兵法》，"王部长，《孙子兵法》里面是很讲'庙算'的"。我说是的，"'夫未战而庙算胜者，得算多也；未战而庙算不胜者，得算少也。多算胜，少算不胜，而况于无算乎。吾以此观之，胜负见矣'"。他听了之后，盯着我看了一会儿。接下来，大家越聊越投机，距离一下就拉近了，从一开始的客客气气变为相谈甚欢，他答应当读书月特别顾问的事也就顺理成章了。

2005 年，金庸先生再度莅临深圳读书月，与二月河对话"历史·小说·人生"，成为当时轰动文化界的盛事。金庸先生很喜欢深圳读书月，他说："深圳这样一个年轻的城市有如此欣欣向荣的读书尚学风气，是我没有意料到的。"他对深圳读书月有着很高评价："对一座城市的认同开始于也着眼于对这座城市的文化认同。深圳因为读书月树立了自己全新的文化形象和城市形象，使众多文化名人对深圳刮目相看。"

饶宗颐、金庸、陈佳洱、谢冕、余秋雨、牛憨笨等读书月的特别顾问，都是德高望重的鸿儒大家，一直与深圳读书月风雨同行。他们或为读书月登坛开讲，或推荐好书，或策划创意，或题词赠字，总给我们许多惊喜。

博科娃：一天两逛书城，力推深圳典范

深圳是"全球全民阅读典范城市"，这是联合国教科文

组织授予全球城市关于全民阅读的最高荣誉，深圳也是迄今唯一获此殊荣的中国城市。

深圳全民阅读"高贵的坚持"，得到了世界的认可，我们要特别感恩一位美丽优雅的女士，她就是时任联合国教科文组织总干事伊琳娜·博科娃。

博科娃与深圳的缘分，始于 2011 年大运会。

2011 年 8 月，博科娃来到深圳。在深圳的几天，博科娃的行程安排得很满，参加大运会开幕式、出席世界大学校长论坛、参观深圳多项文化教育设施，其中一站是深圳书城中心城。在这座世界上单体面积最大的书店，当博科娃看到很多人席地而坐、埋头读书时，当听说许多父母会把孩子放在书城读一整天书时，她感叹："这里的人那么热爱读书，阅读在这座城市确实占有非常重要的位置。"

参观书城一个小时之后，博科娃意犹未尽，她和我商量，想晚餐后再去书城看看，因为她对书城的印象实在太深刻了。于是，当晚，她和丈夫又一起来到了中心城，并特地嘱咐无须陪同，她想在书城里慢慢逛、慢慢感受。

在深圳寸土寸金的中心区，不仅有最大的书城，还有图书馆和音乐厅；深圳很年轻，却已经举办了十几届读书月，每年拿出整整一个月以精彩活动推广全民阅读……耳闻目睹这一切，博科娃感慨："我走过很多地方，去过很多城市，没有一个城市一个地方像深圳那样，那么多家庭、那么多孩子聚集在书城尽享读书之乐。这快乐温馨的场面，我永远都会记得。"

博科娃一天内逛了两次书城，成为一段文化佳话，而这，只是一个美好的开端。

2011年11月，在第十二届深圳读书月开幕之际，博科娃万里迢迢发来贺信；2012年10月，博科娃在巴黎会见深圳访问团时对我说，深圳推广全民阅读已经为世界树立了一个范例；2013年5月，她在杭州和我见面谈起深圳全民阅读时说，"深圳在全民阅读方面所做的种种努力让人印象深刻，一系列做法和经验对联合国教科文组织都很有启示"。

一次次诚恳点评，一次次会晤交流，博科娃女士对深圳读书月和全民阅读的感情与日俱增。2013年10月21日，博科娃女士在北京出席创意城市北京峰会和首届国际学习型城市大会时，亲手把"全球全民阅读典范城市"证书颁发给时任深圳市市长许勤。同时，她给我颁发孔子奖章，以褒奖我在推动全民阅读、实现城市文化跨越发展以及中外文化交流中所做的贡献，这让我感动、振奋，倍受鼓舞。

当时，北京市领导还和我们开玩笑说，深圳领导在北京领国际大奖，这是"北京搭台、深圳唱戏"啊。我也幽默地回答，"欢迎北京领导来深圳，我们也愿意为你们搭台，期待你们的全民阅读也能得到联合国教科文组织的认可"。

多年"高贵的坚持"，让深圳获得"高贵的荣誉"。从一座被戏称为"文化沙漠"的城市，到因为热爱读书而赢得世界的尊重，读书月播撒的种子破土成林，让深圳变得郁郁葱葱。我们深深感恩博科娃女士对深圳全民阅读的"一往情深",深圳必须"一往无前",才能不负期许,不负荣耀。

"道力战万籁,微芒课其功"。读书月自诞生至今已经走过了 20 个年头,也算得上"峥嵘岁月稠"了。

深圳读书月之所以越办越好,影响全国乃至世界,首先在于深圳市民蕴藏着巨大的读书热情,这种热情改变着无数人的命运,使他们筑梦、追梦、圆梦;其次,读书月也改变着我们共同生活的城市,使她成为名副其实的梦想之城、创新之城、书香之城,因读书而受人尊重;同时,我们亦不能忘记那些为推动全民阅读而奉献的人们。无论是中央有关部委、历届深圳市委市政府的领导,国内文化界的同仁、兄弟省市的志同道合者、国内外的专家和友人,还是诸多民间阅读组织的发起人、媒体的编辑记者、志愿者,乃至每天在图书馆、书城和书吧默默工作的管理人员,在他们每一个人脸上,我们都能看到因热爱阅读而发出的圣洁之光。

"日月之行,若出其中。星汉灿烂,若出其里"。在全民阅读的夜空中,群星闪耀!

> 漫步在阅读的星空下，徜徉在知识的海洋里

2018 年 7 月，第二十八届全国图书交易博览会在深圳举行。

这是阅读盛会与阅读之城时隔 22 年之后的再次相遇。1996 年，第七届全国书市（书博会的前身）在深圳举行，让我们看到了深圳人如火如荼的阅读热情。当年，全国书市在深圳创下了多项纪录，这些充满书香的温暖回忆，在本届书博会来临之际再度被激发。在中国改革开放 40 周年，在书博会举行之际，当看到已成为"全球全民阅读典范城市"的深圳之蓬勃兴盛、生机盎然时，我们更深刻地理解了阅读对于个人、对于城市、对于民族的长远意义。

读书，是门槛最低的高贵之举。推广全民阅读，是深圳高贵的坚持。这座只有三十九年建城史的城市，却二十年如一日地推动全民阅读，这是对一种高贵的人文价值的坚守。而深圳之所以能够创造经济奇迹和文化奇迹，是因为人们保持着对阅读的巨大渴求、对知识的巨大热情。一个积累了丰富知识的城市一定能将其转换成强大的创造力。今天的深圳，已然成为一座因为热爱读书而让人尊重的城市，"以读书为荣"成为我们的价值观念，"以读书为乐"成为我们的生活方式，"以读书为用"成就我们的人生梦想。

让全民阅读蔚然成风，在阅读的星空下漫步，在知识的海洋中畅游，这是读书人的幸福所在，也是中华民族的希望所在。

22 年前，全国书市在深圳的举行和深圳书城的建设，表达了一座城市高度的文化自觉，奠定了深圳的阅读传承。全民阅读，是深圳"高贵的坚持"，而催生深圳读书月的，是深圳人在阅读上的"先知先觉"。

时隔多年，第七届全国书市在深圳的热闹景象依然历历在目。

1996 年 11 月，第七届全国书市在刚建好的深圳书城罗湖城举行。书市举行前一天，书城前的地砖还在赶工铺设，第二天一早，就以焕然一新的面貌迎接全国书市，这也是深圳书城开业后做的第一件事。

全国书市在深圳的举行和深圳书城的建设，都表达了一座城市高度的文化自觉，奠定了深圳的阅读传承。当时，很多城市比深圳的文化渊源深厚得多，经济体量也大得多，但他们还没想到建一座书城时，深圳想到了，而且是在寸土寸金的深南大道边，建起了中国第一座书城。

这是出版界一次史无前例的盛会，当时，为控制顾客的数量，开业当天实行售票，5 元一张门票，没想到当天前来参观购书的市民依然多达 10 万人！深圳人把书市当成一种节日，读者逛书店的那种空前的热情到今天都让人非常感动。短短 10 天，深圳书城销售额高达 2177 万元，一举创造了多项全国纪录，深圳书城也因此扬名立方。

在20世纪90年代，深圳发展高歌猛进，市民的读书热情和求知渴望空前高涨。不仅书市上人头涌动，书城里购书如潮，深圳图书馆也总是座无虚席，年轻人都排着队进去读书。这样的景象，引发了我们的深深思索：作为政府行业主管部门，我们应该在市民阅读行为中发挥怎样的作用呢？也许，举办专门的读书活动，正是一条绝佳路径。

深圳是中国最年轻的城市，来深圳的人都怀揣各种各样的梦想。实现梦想的动力，就是不断地知识更新和信息滋养。正因如此，人们对知识和信息的追求就更加自觉主动，这座青春都市也就有了巨大的读书热情。可以说，催生深圳读书月的，是深圳人在阅读上的"先知先觉"，而正是全国书市"这面镜子"，让我们直观地看到了深圳人潜藏的读书热情和对知识的强烈渴望，这正是书博会与深圳读书月的神奇渊源，弥足珍贵。

2000年11月1日，首届深圳读书月在深圳书城北广场隆重启动。我们希望，深圳民间蕴藏的巨大读书热情可以通过读书月得到充分释放，市民的阅读权利可以通过读书月得到充分满足，城市的想象力创造力可以被读书月持续点燃。

读书月在深圳经济特区的率先诞生，彰显了深圳高度的文化自觉；一座城市每年拿出一个月开展读书活动，展示的是深圳的文化态度。

"高贵的坚持"，让深圳获得了高贵的荣誉。深圳是迄今国内唯一被联合国教科文组织授予"全球全民阅读典范城市"称号的城市。从一座被戏称为"文化沙漠"的城市，到因为热爱读书而赢得世界的尊重，是读书月播撒的种子破土成林，让深圳变得郁郁葱葱。

文化深圳，从阅读开始。深圳始终把知识作为城市强大的发展动力加以培育，把阅读作为市民的生活方式加以推广，推动这座城市快速成长，"文化深圳"的轮廓日渐清晰。

年轻的深圳，秉承了中华民族文化血脉中的读书传统，始终把知识作为这个城市强大的发展动力加以培育，把爱读书、读好书作为市民的主流生活方式加以推广，并借此推动这座城市快速成长。

如今，深圳读书月已成功举办了 18 届，累计举办 7000 多项读书文化活动，直接或间接影响了超过 1 亿的市民读者。

文化是民族的血脉，也是城市发展的根脉和灵魂，决定着城市的命运和未来。随着经济社会的高速发展和加速转型，文化成为城市的核心竞争力之一，逐渐成为城市未来发展的决定性力量。2003 年，深圳提出实施"文化立市"战略，2012 年又提出了建设文化强市的目标。在为人所熟知的"经济深圳""科技深圳"之外，"文化深圳"的轮廓日渐清晰。以文化论输赢、以文明比高低、以精神定成败，这既是深圳面向未来参与城市竞争的战略姿态，也正是深圳多年如一日、不遗余力推动全民阅读蓬勃开展的朴素考量。

文化深圳，从阅读开始。阅读是决定城市文化形态和方向的基石。经过 30 多年的发展，深圳在城市文化形态和文化发展战略选择上逐渐成熟。文化深圳，既需要总体上的文化繁荣，更要追求文化的品质和格调。这是一种创新型、智慧型、包容型、力量型城市主流文化。文化深圳，必定是学习型深圳，也必然是知识型深圳。因此，阅读在决定深圳城市文化形态和发展战略中无疑是最重要的基石。

文化深圳，从阅读开始。阅读是增强城市精神凝聚力的有效抓手。多年来，深圳读书月的年度主题以及因此而流传开来的阅读理念，清晰记录着深圳从文化自觉、文化自信到文化自强的攀升。其中，"让城市因热爱读书而受人尊重""实现市民文化权利"两项与阅读相关的观念入选"深圳十大观念"。可见，深圳读书月在成功倡导让读书成为一种生活方式的同时，也使阅读成为植根于市民精神体系中的重要价值观念。读书月举办 18 年来，城市里求学问道成风，大气开始压制浮躁、优雅开始驱逐粗俗，读书日渐成为文明的象征，最终使这座商潮涌动的城市书香满溢、日渐从容。

文化深圳，从阅读开始。阅读是提升公共文化服务力的重要途径。从一开始，深圳就把读书月定位为实现市民基本文化权利的重要内容，多年来不断提升公共文化服务水平，通过创办各种文化品牌活动，倡导和推广全民阅读。据统计，全市拥有公共图书馆、各类自助图书馆累计近千家（台），全市持证读者 231 万人，深圳人均购书量连续 27 年保持全国第一，人日均阅读图书63分钟。深圳五大书城和众多书吧书店、蓬勃的民间阅读组织，为市民提供便捷多样的渠道，获取自己想要阅读的书籍和喜爱的阅读方式。在深圳，读书对城市而言是高贵的坚持，对市民而言是幸福的享受。

创新驱动发展，而文化是驱动创新的一个重要因素。在创新背后，是默默无闻的阅读在发挥着根本性的作用。全民阅读多年的深耕细作，使深圳的创新有了强大的思想动力、知识动力，这也是阅读对深圳最好的回馈。

时隔22年，书博会再次来到深圳举行，是对一座热爱阅读的城市的高度肯定与殷切期待。经过多年发展，深圳成为全民阅读的一个发源地，成为"全球全民阅读典范城市"。

"大方无隅，大器晚成，大音希声，大象无形"。阅读，静水深流，是最不动声色又影响最深远的事情。从表面来看，只看到安静的人群在阅读，不知道背后有多么强大的热情和对未来的期待、对获得知识的渴望。全民阅读多年的深耕细作，使深圳的创新有了强大的思想动力、知识动力，这也是阅读对深圳最好的回馈。

在五大发展理念中，创新置于首位，创新驱动发展战略更是国家重大战略。如果说改革开放是决定当代中国命运的关键一招，那么，创新就是中华民族走向复兴的必由之路。没有持续的创新，我们就没有持续的发展，也就永远达不到民族复兴的境界。

当我们考察世界各国创新能力、创新历程和效果的时候，会发现巨大的差异。为什么一些国家一直走在创新的前列，而一些国家则只能蹒跚而行？这除了与人才、资本、科技、市场、集成能力、制度等一般性创新要素有关外，更重要的则是背后隐然存在的文化差异。我们常讲创新驱动发展，那么又是什么在驱动创新呢？**除了科技、制度、市场等因素外，文化也是驱动创新的重要因素。创新创意和人才就像种子飘落在土壤中，如果土壤肥厚，气候得宜，便发芽破土，茁壮成长，反之则寂然无声，湮灭其中。文化的价值观念和思想方式以及好的制度，则决定了土壤差异。文化的形态不同造成了国家创新能力的迥异，国家创新战略根本有赖于文化的支撑。**美国、以色列这些国家之所以成为全球创新的中心，是因为其背后有强大的文化支撑。

没有持续创新，也就没有持续发展。真正的可持续是人的可持续，阅读是最好的可持续发展。在创新和发展的背后，是默默无闻的阅读在发挥着根本性作用，这也是民族素质和民族精神的展现。我们的文化建设，最后还是要体现在人的素质上，而人的第一位素质就是阅读。读书，不仅带给我们智慧之乐、心灵之乐、和美之乐，而且唯有通过读书这样的媒介，才能实现人的知识积累、理念更新、素质提升，才能真正培养人的科学精神、理性精神、人文精神，而这些与创新息息相关。

善于学习的民族必将自强于天下。世界经验表明，阅读指数与创新指数高度契合，阅读对于创新有着积极的推动作用，换言之，走在创新前列的国家，都是在世界上阅读位于前列的国家。比如以色列，它是全世界公认的最富创新力的国家，也是最善于学习的国家，人均每年读书高达 64 本。英国、美国、日本等国家均是如此。如今，深圳双创综合能力位居中国城市榜首，这和城市阅读氛围之浓厚不可分。

在深圳，一个个与阅读有关的美好瞬间，让我们对这座城市满怀信心。

在世界读书日活动中，一个年轻母亲抱着孩子领取了爱阅基金会为深圳 0—3 岁孩子准备的免费"阅芽包"，拥有了一份科学专业的早期阅读规划。孩子的眼神清澈而明亮，我们相信，还在牙牙学语的他从这一刻起，身上已植入热爱读书的文化基因；一位阅读推广人在领奖后，谈及自己为什么愿意花费那么多时间精力来推广阅读时，用了"蓦然回首，那人却在灯火阑珊处"来抒发心意，说希望更多人在读书成就人生后可以在不经意间想起推广人，想起读过的书，这些在全民阅读中默默奉献的人们，怎不令人肃然起敬；每天早晨在深圳图书馆门口等待入馆的长长队伍，在书城书店里安静阅读的身影，都让我们对这座城市的市民满怀敬意……

深圳书城中心城墙上写着时任联合国教科文组织总干事博科娃的话：

"我走过很多地方，去过很多城市，没有一个城市一个地方像深圳那样，那么多家庭、那么多孩子聚集在书城尽享读书之乐，这快乐温馨的场面，我永远都会记得。"

在深圳，每天都有那么多人在安静地阅读。一边是静水深流的阅读，一边是激情四溢的创新，这种学习氛围推高了深圳的创新指数。

全民阅读需要不断创新，创新阅读环境、阅读手段、阅读理念，让市民畅游书海，让城市到处流淌书香。深圳全民阅读要有与时俱进的新观念引领前行，为中国全民阅读的发展贡献深圳智慧。

2018 年是中国改革开放 40 周年，深圳是改革开放的窗口。当书博会在深圳举行，当海内外目光再次聚焦深圳，深圳在推动全民阅读的道路上更须持续创新，持续创造新鲜经验。

全民阅读，既然高贵，继续坚持。

期待深圳不断创新阅读环境，让市民畅游书海，让城市到处流淌书香，让阅读无处不在。深圳是"全球全民阅读典范城市"，要保持典范地位，不仅需要读书月，还需要以星罗棋布的阅读场所、阅读活动为市民创造阅读便利，这样的阅读典范城市，更让世人折服。深圳通过十多年"图书馆之城"的建设，已让近千座图书馆（含自助图书馆）遍布全市；深圳正大力推进"一区一书城，一街道一书吧"建设，如果每个区都有一座书城综合体，每个街道都有一间温馨书吧，让人们可以在家附近尽情享受"书生活"，那会是很了不起的一件事。"徜徉在知识海洋中"，这是一种特别诗意和理想的状态，一个个图书馆、一座座书城、一间间书吧看起来是涓涓细流，但汇成的是城市最生动的文化空间。

期待深圳不断创新阅读手段，丰富市民阅读生活。互联网时代，阅读载体和阅读手段更为多元，这也为传统出版的转型发展融合发展创造了机遇。深圳是中国最"互联网"的城市之一，在新媒体阅读上可以继续敢闯敢试，运用好新媒体新技术推广全民阅读；鼓励人们通过传统阅读多读经典多读好书，也鼓励在碎片化时间中追求系统化阅读的快乐。当阅读积累到一定程度时，你的内心就会呼唤智慧的洗礼，阅读，就是在书中找到更好的自己！

期待深圳不断创新阅读理念，以先进阅读观念引领推动全民阅读发展。多年来，深圳读书月阅读理念不断推陈出新，推动全民阅读拾级而上。主题之变更，正是我们这座城市阅读理念的不断提升、阅读价值的不断深化。未来，深圳全民阅读依然要不断创新理念，在面对新发展中不断提出新阅读理念，就像我们的城市是被深圳观念引领前行一样，深圳全民阅读也要有与时俱进的新观念引领前行，不断开拓新境界，为中国全民阅读的发展贡献深圳智慧。

期待深圳始终像重视创新一样重视阅读，始终把全民阅读作为城市建设的根本战略之一。全民阅读可以为城市创造更深厚的发展动力，让城市更高贵高雅，在世界上树立起独特典范。观察一个领导者的格局和眼光，其实很简单，看看他对文化的态度、对读书的态度便可一目了然。展望未来，深圳要完成国家赋予的使命，走在全国最前列，仍然要持之以恒地推动全民阅读，营造书香社会。唯有这样，社会才能保有持之以恒的理想主义的饱满激情，并将这种激情转化为丰富而充满活力的创意；只有这样，深圳人才能以文化为追求、以知识为动力，不断向前开拓。

在深圳湾畔，有一座高 26 米的大运会火炬塔，是由一本本书垒起来的。阅读，就是不断累积，才能点燃知识的火焰、照亮前行的道路。但愿恒久的阅读与知识的力量，如同大运火炬塔一般永远守望着这座年轻城市。我们的市民，徜徉在知识的海洋中，漫步在阅读的星空下，在登高望远中看到更多阳光和美好；我们的城市，通过阅读成为一座高瞻远瞩的城市，永远保持创新创意的活力和诗意栖居的魅力。

· 第四辑 ·

对 话 篇

大家的声音

> 高贵的坚持
—— 与白岩松对话

从没考虑过经济效益

王京生:

　　早在二十世纪的八九十年代，深圳读书的风气和浪潮就让人印象深刻。1998 年的中国，大部分人关注的是"GDP 保8"。作为经济特区，深圳对经济的重视程度更上一层。深圳速度在当时是一个标志，从市领导到普通市民对此都很关注。但这并不妨碍人们对文化的追求。**想通过读书月达到什么经济效益？没有！从一开始，读书月就是为广大市民服务的，这不是一个赚钱的事。深圳人要赚钱有的是办法，绝不是通过一个读书的活动。**

白岩松:

　　读书月 15 年，给深圳带来了什么？据说最后一天的"温馨阅读夜"，深圳书城中心城有 250 多万的销售额。如果只看这个销售额，那这笔账算得太小了。我看了《高贵的坚持——深圳读书月十五年回眸》这本书，书中不仅清楚地梳理了深圳读书月的发展历程，还展现出了深圳的无穷的创意。深圳能够成为创意之都，不正是伴随深圳读书月的发展而显现出来的吗？现在全国认同的深圳的品牌，一个是读书、一个是创意。还有第二个像深圳这样的城市吗？这两者是有关系的，如果没有人安静地读书，就不可能有好的创意，好的创意依赖于有点闲的时间、有点闲的人、有点闲的钱，接下来开始有了一些有点闲的思想，创意才诞生。阅读和创意不可分割。

王京生：

纵观深圳读书月走过的路，我们可以清楚地看到一个新生事物从懵懵懂懂到成熟完善的成长过程。最开始，深圳读书月只有二三十项活动，还都是政府主办的。而今天，深圳读书月有了大大小小几百项活动，大部分是由企业和民间组织主办的。让大家从淡漠到支持再到主动去做，这个过程是一个长时间的过程，也要向这么多年坚持下来的部门、媒体等组织表示敬意。

读书月这件事非常重要，但是更重要的是我们这批人一起在做这个事情，并不能获得任何的实质利益，但是大家还都这么努力地去做，这就是高贵的坚持。所以每年的 11 月可以说我们都有一种期盼、快乐、激情、注视，源于纯粹的深圳读书月。

读书月是一个很有理想主义色彩的事情，深圳又是一个光辉之城，它的光辉将因为深圳读书月这一奇迹而不断地为世人所知，它能影响的是深圳城市的进程和中国文化的进程。

阅读立法保障市民权利

王京生：

　　总有市民质疑：读书是我个人的事，怎么还要立法？不是这样的。立法的目的是保证市民阅读的权利，实现市民的文化权利。2013年，国家新闻出版广电总局表示将推动《全民阅读促进条例》的立法。全民阅读一直走在全国前列的深圳率先开始探索，通过立法形式提升政府推动全民阅读活动的力度。目前，《深圳经济特区全民阅读促进条例（草案）》已经由市政府五届一百二十一次常务会议审议通过，现提请市人大常委会审议。

白岩松：

　　当用条例的形式把读书月固化下来，对读书月和热爱阅读的市民来说都是一种保障。我们不用寄希望于某个热爱读书的领导来推广阅读，也不用担心未来某个领导的个人爱好对这个城市的读书产生波动性的影响。条例更多的是约束谁的？我觉得是在约束提供公共服务的政府和相关的机构。

王京生：

　　深圳就应该是百舸争流、百家争鸣的地方，应该是各路人马来传道解惑的地方，也是深圳人求知问道的地方。深圳市民文化大讲堂、深圳晚八点和今年新开设的南书房夜话，是深圳学者切磋砥砺的地方，希望这些地方能围绕中国的和世界的传统文化做好文章。也希望借此把深圳学派的根底打牢。

这个世界上，能够称上"高贵"的事情确实不多，没有高尚的精神境界，衣裳再华丽、物品再值钱都谈不上"高贵"。但是一旦和"高贵"接上了，那一定是和人类永恒的价值观念有关系。

（摘自 2014 年 11 月 28 日深圳读书论坛"高贵的坚持
——深圳读书月十五周年回顾与展望"活动现场实录）

第一等好事还是读书
　　—— 与邬书林、聂震宁等对话

阅读是每个家庭希望所在

邬书林:

　　目前全民阅读的态势很好,"倡导全民阅读"连续两年被写入《政府工作报告》,更重要的是,民众对于全民阅读的认同度很高,现在全国已有 700 多个城市开展常年性的阅读活动。养成阅读习惯是几代人共同努力的结果,现在大量的城市家庭已经开始把读书作为一个习惯。推动全民阅读,应当像深圳这样,把阅读作为市民的一种追求和生活的一部分,成为每个家庭的希望所在。

　　同时,我们要提倡,用科学的方法,科学地阅读。朱熹《朱子家训》中有一句话,可以阐述阅读的意义:人要对自己所做的事情有深入了解,只有把圣人书变成自己的,读书的本质在于向前人学习,将前人的智慧变成自己的东西。

王京生:

　　我们一直都讲可持续发展,认为发展与土地、环境、水等资源有关,但在"以人为本"的今天,我认为最重要的可持续是人的可持续，而人的可持续必须通过阅读来实现。**书是一辈子的朋友**。无论是纸质阅读，还是多媒体阅读，阅读都是可持续的关键。**对于一个城市和个人而言，阅读就是最重要的投资**。

做全民阅读的"点灯人"

聂震宁：

享受阅读，因为阅读是人类最奇妙的事情。全民阅读不必讲学以致用，正如联合国教科文组织 1995 年在世界读书日的宣言中强调，希望世界各地的人，无论是贫穷还是富有，无论年老还是年轻，无论患病还是健康，都能享受阅读的乐趣。

我在人民文学出版社任职期间，促成了"哈利·波特"在中国的出版，这套风靡全球的儿童读物，不仅有智慧、有思考，还有道德的召唤，也有更多的阅读乐趣。享受阅读，这是全民阅读最本质的意义，享受阅读的过程当中可以学以致用，成为一个更有用的人，把工作做得更好，同时还可以度过一段美好时光。

樊希安：

我希望图书馆能够改变一些服务方式，比如调整或延长营业时间。图书馆像加油站，它给读书人强大的动力。现在很多 24 小时书店，实际上是把书店卖书的职能扩展为服务阅读的功能，图书馆更应该这么做。此外，图书馆应该采购好书，要为读者精挑细选。

在北京办 24 小时书店，是我一辈子做得最为正确的事情。过去一年来，三联韬奋 24 小时书店的营业收入增长了 58%，利润增长 100%，人流增加了 68%。一开始有人问我，24 小时书店来了流浪汉怎么办，有人动刀子怎么办，可是这些事情一次都没发生过，这里没有来打架的、来谈恋爱的，我确实感到很欣慰。有时半夜里，看到年轻读者在书柜旁边、在书桌上趴着睡觉，我就感到心里有股暖流。推广全民阅读，希望有更多的点灯人。

王京生：

书店的意义除卖书外，还应该有一种文化态度。像巴黎的莎士比亚书店，就为刚到巴黎、没有落脚之地的写作者提供暂时的住处，这表明了一种对文化人的尊重，表明了一个小书店的博大胸怀。

当时在深圳开设 24 小时书吧，不仅是把卖书作为职责，更崇高的使命是为这座城市点上文化之灯、文明之灯、阅读之灯。**这种态度看似渺小，但表明一个城市对阅读的支持，对热爱阅读的人的一种期待。这种期待会长久地鼓励全民阅读，是一种精神力量。**

邬书林：

图书馆和书店不拒绝流浪汉。一个民族对所有人都应该尊重，特别是在他向往文化的时候，都要得到应有的尊重。我在意大利常常发现一个老太太抱着一本书大声朗诵，那里的社区图书馆活动非常丰富；在波士顿，每周社区图书馆都有朗诵会，周周都有对小说的讨论；在冰岛，两个人吵了一个多小时，为看同一本小说产生不同观点而辩论。在一个阅读已蔚然成风的国度，无论书店、图书馆，要为市民忘情地读书提供方便，无论这些人身份如何。

为全民阅读"死磕到底"

王京生：

联合国教科文组织 1995 年发布世界读书日宣言时，我第一次是在一个台湾人的嘴里听到了"全民阅读""建设书香社会"这样的表达。当时觉得这个概念太好了，就在深圳喊出来了。后来，我第一次见到邬书林，和他谈到"全民阅读"，他特别感兴趣，也很支持，这才有了后来深圳的坚持。

其实，在深圳这个环境里推广阅读，我并没有感到有太大的困难。当然，深圳读书月 15 年一路走来，一开始我们还是有点寂寞的。举办第一届读书月时，深圳主要的书店只有一个罗湖书城，大家买书都挤到那儿。现在全市有三大书城，还有宝安书城马上就要落成，而且在城市规划里，我们提出每个城区都应该建成一个以书城为核心的文化综合体，为深圳文化打下了特色和底色——文化中心有各种文化。当然，这一过程中需要与各个部门打交道，做大量的工作。**特别欣慰的是，深圳有一大群爱书的人，我们一起走过 15 年，始终一路同行、一路坚守，"死磕到底"，而且充满自豪。**

邬书林：

推广全民阅读，世界各国都有自己的重要方法，实事求是地讲，我认为过去的十多年当中，深圳把大部分补全了。希望深圳认真研究如何将全民阅读引向深入，对现在的"全民阅读"给出一个实事求是的评价。

这些年，我一直提出为全民阅读立法。第一年提的时候，有人说"全民阅读立什么法"，第二年好多了。这个法和其他的强制性的法是不同的。通过立法，从法律上把阅读的地位、阅读需要的条件和各个阶层在阅读上承担的责任，固定下来。我们坚定不移往前走，认认真真扎扎实实做。现在，国务院法制办的立法稿件改了九稿，地方上已有四个地方完成了立法。

聂震宁：

全国现在有 700 个城市开展全民阅读活动，31 个省区市都有自己全民阅读活动的安排，政协委员的责任可能已经产生了一些作用。我曾经连续八年建议"设立全民阅读日"，今天仍走在为阅读"死磕"的路上。第九次我还要提，第十次也许还要提，我要为阅读尽我的力量，我的力量就是提案和责任。

（摘自 2015 年 4 月 23 日深圳图书馆举办的"第一等好事还是读书——对话全民阅读"活动现场实录）

> 阅读看见未来
—— 与丁学良、王绍培对话

深圳读书月的成功是全市努力的结果

王京生：

读书是一种"致良知"的行为，劝人行善、劝人读书，这是世上最积德的两件事。深圳读书月取得如今的成就，这是全市上下共同努力的结果，其中有市委市政府主要领导的支持，而最主要的支持来自读者。每天图书馆开门之前，读者们都是井然有序地排队在门口等待，这是很多城市里没有的。通过读书，我们用大气压制了浮躁、用优雅驱逐了粗俗。而城市的文化建设，最终也体现在了人的素质上。

读书是永恒的真理

丁学良：

通过读书可以了解世界，可以从历史中汲取经验教训。而人们通过书籍一代代将知识传承下去，才是人类区别于其他高等动物的根本原因。我们老家安徽宣城一直有传统的读书风气。看一个家庭是否受人尊重，首先要看家里是否藏有古书，是否是读书之家。甚至当地还有谚语称："三代不读书，放出一窝猪。"当然，劝人做官容易，劝人致富容易，劝人读书太难了。而且，并非所有的书都可读，读书也需要引导，需要好书推荐。深圳有这么多读书的活动，应该比别的地方读得更精致、更有传承性、更有特色。

通过不断实践完善阅读立法

王京生：

深圳是联合国教科文组织评选出的"全球全民阅读典范城市"，阅读活动一直走在国内乃至世界的前列。4月1日，《深圳经济特区全民阅读促进条例》正式实施，也表明深圳对阅读的重视。首先，政府要建立阅读基金；其次，阅读立法核心就是保证市民的阅读权利，我们要创造阅读氛围，让每个人都能够认真安静地去读书；再次，要依靠民间阅读组织的力量；最后，阅读的立法还有一个完善的过程，要通过不断的实践去丰富。**我相信经济学的理论，供给侧的改革本身就能制造出社会需求，而我们的环境创造越优越，我们读书的氛围也会越来越好。**

艰深的阅读带来愉悦感

王绍培：

好奇心是比"食色"更大的信念，知识的获得会带来愉悦。读书能够产生一种好奇心得到满足后的愉悦感，越艰难的阅读会带来越强烈的愉悦感。后院读书会现在正在组织会员精读黑格尔，读书就应该读一些有难度的书，就像爬山，只有经历荆棘，才能够登顶看到别样的风景。哲学相当于人生的全球定位系统，很多人读了哲学之后，改变了看世界的方式，开始通过哲学视野张望这个世界。

（摘自 2016 年 4 月 23 日"阅读看见未来"文化沙龙

现场实录）

> 阅读，看见世界
—— 与白岩松对话

读书重在兴趣而非功利

王京生：

阅读的好处绝不一样，有的人通过阅读，长知识了、上进了，事业成功了；有的人通过阅读，养成一种习惯，不再寂寞，变快乐了；有的人通过阅读交了朋友；有的人通过阅读提高了自身素质、找到对象了；等等，都有可能。阅读的意义因人而异，而且是千奇百怪，各种各样。但是就阅读的一般规律而言，曾国藩说的话对我有启发，第一，**一辈子一定要读一本经典。没有读过一两本经典的书，是人生的遗憾。**第二，**一辈子一定要有几本百读不厌的书，因为这样的书是你一生的朋友，是你的好友。**第三，按兴趣读。让大家自由选择，而又有一定的基本因循，我觉得阅读的快乐就离每个人不远了。

谈到阅读的方法和对阅读的要求，也不要千篇一律，说你一定怎么读才能获得知识、你一定是怎么弄才叫真正的阅读，否则就不叫阅读。碎片化阅读有没有意义？值不值得推广？在某些严肃的学者眼中，这不算阅读。因为没有达到做学问的目的。但是对于一般老百姓，他有点时间，甚至他在网上看点东西，比他在那儿东张西望、胡说八道要强，所以在那个特定时间就是有意义。所以我们对阅读应该秉持一种更包容的态度，只要适合自己的，就去尝试、就去阅读。

白岩松：

前几天也有人问我怎么看待碎片化阅读，我说"我鼓励并且提倡"。美国全民阅读在立法方面有两部，其中一部是常规的提倡全民阅读，另外专门针对青少年有一部法律，美国有要求，要求在小学三年级之前就要让孩子们养成阅读习惯。你突然发现强国有强国背后的原因，恐怕国与国的竞争，并不是我们表象看到的军费、GDP 等，而是在这些细节上。

我觉得阅读是一切的起源。中国文化史大部分是业余史，但是它的基础就是来自阅读习惯。中国古人讲上学不是上学，都是叫读书。因此读书是中国文化最重要的一个基础。读书一定不能直接是功利的，让人们爱读什么就读什么。

用立法保证阅读的神圣性

王京生：

深圳阅读立法确实是经过了一个比较漫长的过程。从深圳读书月进入到第六届，我就有这个想法。读书月的推动原来主要是靠一定的创意和媒体的推动以及企业的运作，但随着阅读组织越来越多，政府慢慢地退后。政府退后不是政府职能缺位，而恰恰相反，通过法律推动阅读。**全民阅读活动的核心价值是要实现市民的文化权利，首先是阅读权利，这种阅读权利通过什么保障？简单来说就是通过法律。**这种法律不是像社会上说的通过阅读立法让大家读书，没有这个意思，恰恰相反是保障你的阅读权利。它要求的是政府和公共服务机构要把保障市民阅读权利作为政府的重要职能，按照法律的要求和规定去完全地履行它，而此前在这方面我们一直是空白的。

比法律更有意义的是什么？就是通过法律把全民阅读的认识提高到新境界。如果说原来我们更多的是提倡、是说服、是鼓动的话，那么法律的权威性和神圣性使我们对阅读的权威性、神圣性都有了更深刻的理解。

白岩松：

深圳为阅读立法已经变成一种实践，我觉得很有价值。要想让阅读成为老百姓的习惯，可能要有这样四个阶段，第一个是氛围，第二个是方便，第三个是快乐与收获，第四个才是习惯。首先要营造全民阅读氛围，接下来一定要方便，一旦不方便，很难让人养成习惯。第三个层次要让大家感受到阅读有快乐、有甜头等，然后才能形成一个地区、一个民族的阅读习惯。从全国来看我们处于一和二之间，正在从营造氛围向方便转变，深圳则是三和四之间，由阅读的快乐和拥有向养成习惯转变。

中华民族复兴始于阅读

王京生：

什么是真正的复兴？从经济总量来讲，中国已经是世界第二，为什么没有外国人认为你复兴？至少在联合国角度还是发展中国家；中国人也没有认为自己复兴了。为什么？简单来说，你的文化不受人尊重。真正的复兴是文明的复兴。今年的《政府工作报告》里面提到一个工匠精神，光提创新不行，必须要有工匠精神。历史上人家为什么尊重中国？是外国人都读了《论语》《老子》？真正读过的寥寥无几。主要是当时的世界看到了中国的文明，中国出口的丝绸、瓷器，包括茶叶。小仲马写《茶花女》中有一句话："你连中国红茶都喝不起，算什么贵族？"说明在当时的欧洲只有贵族喝得起中国红茶，所以欧洲上流社会包括一些知识分子才对中国有巨大兴趣，认为你是一个高度文明的国家。这就是产品质量和民族尊严的问题。中国历史上能工巧匠特别多，而且是各展才华。**这些能工巧匠背后是什么？就是文化。文化怎么来的？最终是从阅读，从中国人喜欢读书开始**。这是我们五千年文明传承，从我们的国民素质、产品质量一直到一个民族的自强，这是一脉相承的。

白岩松：

　　前不久有一个中国文化人在伦敦做了个调查，考察中国和日本在伦敦的文化存在。结果发现在伦敦，中国文化的存在几乎唯一的体现是在餐饮。当时做调查时，跑了十几家书店想寻找中国作家的作品，除了《道德经》，当代作家的几乎没有。这令这位调查者非常惊讶，莫言刚得了诺贝尔文学奖，按理说应该有，但是没有。但是村上春树的书，几乎在每个书店都有一长排，而且大量的日本的漫画、设计等都可以随处找到，但是在伦敦的书店里，没有中国的"声音"。

　　中国人认为"家"很重要，作家、画家、艺术家，但是日本认为"匠"比"家"更重要。而中国人以前也是这么认识的，过去我们称呼托尔斯泰不叫作家，叫"文学巨匠"。"匠"是什么？在小小的空间里斤斤计较的人，就是"匠"。

中国人读书的时代才开始

白岩松：

　　我查了一个数据，1938年全中国大学生在校8万余人，读书的基础首先是文盲的消除。20世纪50年代中国解决了文盲的问题，读书是极少数人的权利，但是文化香火的确传承下来了。我认为中国人读书的时代才刚刚开始。

王京生：

　　世界上最有意义的，或者最积善行德的事就两件：一件是劝人行善，一件是劝人读书。这两件事最积德，不仅积社会之功德，更积私人之德。我在德国火车上看到人家坐在那儿都是在安静阅读，这不是谁强迫的，完全是自愿的。这个自愿是养成的习惯，不是说今天推动阅读了，大家都阅读，明天车厢里就安静了。从这个意义上讲，中国还要走相当长的路，还在打基础。而深圳今天的先走一步也昭示着未来城市的发展。

白岩松：

　　如果没有一个持续阅读的习惯和吸引与此口味相同的人才，深圳怎么可能在 2015 年全国经济下滑的情况下逆势上行？怎么可能成为设计之都？人们的文明程度很高，拿远方当自己故乡，拿陌生人当亲人看待，背后有阅读支撑。读书应该求一个长期的效应，而不是眼前立即变现。不要把拥有知识当成拥有智慧，这是最应该因势利导的东西。现在人们知道得很多，不知道的可以百度，但是错把读书当智慧。读书要有"情、趣、识、思、智"这五个字，也就是情感、趣味、个识、思考，最后一定要读到智慧，否则真是白读了。

读书像盐、像空气

王京生：

你刚才讲的由情趣开始然后到智慧理性状态，这确实是一个过程。当阅读积累到一定程度的时候，你的内心就会呼唤一种智慧之间的洗礼。**苏轼说过"旧书不厌百回读"，你读了 100 本书，和你真正读透一本书，感觉是不一样的。你真正读透的这本书，才是你生活的一部分，而且才能升华为智慧。**

白岩松：

所以一定要追求一个更大的目标，从中变成智慧，然后就一下子轻装前进了。

我特别同意您曾说的"读书像空气一样"。读书就是盐，就是空气。最高的境界是当拥有它的时候谁都不觉得怎么样，但没有的时候你试试？空气没有了，一会儿就会憋死。生活没有了盐，淡而无味。

王京生：

最近流行高晓松写的一句歌词，"生活不止眼前的苟且，还有诗和远方的田野"，你的书标题就是"生活不仅是钢架，还有诗和远方"。我很有共鸣。诗歌是一种更高一级的享受。人在一天被弄得筋疲力尽时，最后读一点诗，超脱于现实的精神放空和享受。诗除了休息之外还代表一种激情。我们做事情的时候绝对不仅仅是做一件事情，应该把激情、感情放在里面，才能把一件事情做好，你才觉得你在做一件有意义的事情，你才觉得这件事情你能够一直坚持下去。

（摘自 2016 年 4 月 28 日"阅读，看见世界"阅读沙龙现场实录）

> 阅读，点亮一座城
—— 与尹昌龙对话

以"书香"为名总结全民阅读经验

王京生：

　　每年的 4 月 23 日是深圳非常快乐的一天。在这一天，大家清点过去一年读书的体会和书单，对未来有一些探讨。我觉得非常有意义。今年的意义首先在于海天出版社出版的这套丛书。

尹昌龙：

　　"书香中国·全民阅读推广丛书"由王京生参事与中国阅读学研究会会长、南京大学教授徐雁联合主编。丛书将备受人们关注的阅读话题，分解成四个板块，依次是《书香传家：家庭阅读指南》《书香满园：校园阅读推广》《书香在线：数字阅读导航》《书香社会：全民阅读导论》，对包括深圳读书月在内的有影响力的阅读活动与阅读现象进行研究，理论联系实际地加以阐发、分析，对开展全民阅读活动有非常大的指导意义。

王京生：

　　这套书有三个特点。第一，比较全面地展示了当前中国全民阅读的基本状况，既肯定了很多城市在阅读中的成绩，也发现了中国在阅读方面和世界的差距。第二，用中西对比的方法分析了为什么要提倡全民阅读，怎么样提倡。一方面，考察我们在全民阅读工作上，政府怎么推动，民间怎么考虑，学者怎么主张，阅读组织怎么开展活动；另一方面，也是更重要的，为我们提供了一面镜子，研究国外这么多年来在阅读工作中的经验是什么。互相一对比，看出了我们在认识上、方法上的差距。第三，有一定的实用性。这套书告诉你，从小孩 0.5 岁开始一直到上学，初中、高中，怎么样一步一步地去阅读。另外，在数字阅读方面用什么方法查阅资料，怎么尽快地进入数字阅读，有什么规律可以遵循；在校园阅读方面，老师怎么指导学生阅读，等等，提供了一些方法。

一边是静水深流，一边是激情四溢

王京生：

　　从《政府工作报告》第一次写入"全民阅读"，到这一届提出"大力推动全民阅读"，其间有一个过程。首先总理本人就有读书的情结。正好新闻出版总署和一些政协委员也在不遗余力地推广全民阅读，力推把"全民阅读"写进《政府工作报告》。最后总理把它写进去，这一写就写了三年。

这三年中，"全民阅读"渐成燎原之势。除了新闻出版总署推出的《全民阅读"十三五"时期发展规划》以外，国务院法制办还在为"全民阅读"在国家层面立法。这个立法也征询了有关部门的意见。

今年我一看到《政府工作报告》的初稿写的又是"倡导"，而且前后次序都没什么变化。我就提建议说，第一，都倡导了三年，而且倡导得已经很有效了，就不要再倡导了，现在是要干实事的时候，而且我们已经干了，已经开展全民阅读的城市又往前走了一步。第二，从国家层面已经不是只"说"，也在"做"了，现在要大力推动一下。《全民阅读"十三五"时期发展规划》就是"大力推动"的一个最重要的举措。全国有了这么一个纲领，大家就按照规划做，要落实规划，确实执行。第三，一个很重要的问题，要不要国家设立全民阅读基金。深圳还走在这条路上，最终是要设立的。不是说这笔钱有多少，重要的是政府要履行责任和表明态度。这个基金设立以后还要比国际上其他国家用得更有意义，更有价值，让老百姓普遍能够在全民阅读基金的推动下受惠。所以今年就改成了"大力推动"，"全民阅读基金"的建议后来也被采纳。

从过去的"倡导"升级为"大力推动"，这不只是字面上的变化，其折射出的是，党和政府对全民阅读重要性认识的进一步升华，对全民阅读推动力度的进一步加大，将对全民阅读广泛深入的开展奠定坚实基础。这些年让我们欣慰的

是，无论是人大开会还是政协开会，"全民阅读"一直是议论热点，每年附和提案的人也越来越多，这是中国知识分子的一个引领。

尹昌龙：

当前，我国的全民阅读活动进入两个拐点。一个是政府层面，不只倡导，还要推动。活动不是敲锣打鼓就结束了，怎么推？要形成机制和办法。一个是个人层面，家庭、孩子、年轻人知道读书是好的，接下来是怎么读的问题。好读书是一种习惯，读好书是一种能力和眼光。对国家来讲，从倡导到推动，怎么推？对个人来讲，从不爱读书到爱读书，怎么读？这是我们以后面临的两个问题。只有解决这两个问题，全民阅读活动才能往更深入的地方走下去。

无用之用，方为大用

王京生：

我一直强调"以读书为荣，以读书为乐"，这是口号。还有一个理念是，"让'以读书为荣'成为我们的价值观念，让'以读书为乐'成为我们的生活方式"。我现在要补充一句，读书为用。以读书为用，成就我们的人生梦想。

当一个城市的每个人以读书为荣的时候，他的精神追求就不一样了。这方面的追求会带来很多你想不到的变化。无用之用，已是大用。读书为乐，成为我们的生活方式。能够在阅读中，"眼前直下三千字，胸次全无一点尘"。这种阅读的喜悦非我们能言语表达的。**一旦你和书结了良缘，终身不会寂寞，它一直伴你前行。**对很多人光是讲无用之用还不能解决问题，必须让读书在我们生活中不断帮我们开拓新局面，使我们的生活越来越好。

　　犹太人的文化里有两个细节。以色列是全世界公认的最爱学习的民族，每年阅读率是全球最高的。有一个细节，犹太人从小经常把蜂蜜涂在书上，小孩一两岁就舔，所以小孩从小养成读书习惯，认为书本、知识是甜蜜的。从小就培养以色列儿童或者民族的学习习惯。但以色列还有一句谚语，"你不要像驴子一样驮那么多书"，意思是别像驴一样光读书，变成书呆子，而应该对自己的心智、情操、事业有所帮助。

尹昌龙：

　　我为什么对读书这个行为抱着感激之心。中国是一个农业社会，大量农村人口。一个乡村的孩子怎么知道世界上发生那么多事情，怎么进入一个文明社会？假如一个边远地区的贫困的孩子忽然来到深圳，他将完全是震惊式的体验。他根本不知道人类创造这么多东西。什么能给他带来这些变化？只有读书，不读书根本无法了解这些东西。我的父母亲根本不识字，我是我们村第一个读博士的人。我父亲后来做了厂长，根本不会写字，签字就画圈。但他们觉得生了这个小孩就一定要让他读书。在物质极端贫困的条件下，创造一切的可能性让他读书，这是一个母亲或者父亲最大的责任。今天这样的道理，千千万万的家长都知道了。成年人自己可能不读书，但是一定要让孩子读书。所以我们的书城周末全是人，小手拉大手，孩子把大人牵来了，因为大人必须要尽到责任。

全民阅读任重道远

尹昌龙：

京生国参曾在"关爱行动"中讲过一句话，我觉得特别好。"我们爱一个人怎么去爱，让他有尊严地活着。"这是到今天为止我认为关于行善最好的解读。你怎么爱一个人，让他有尊严地活着，就是爱，而不是施舍。很多人把爱理解为施舍，那是自私的，让他有尊严地活着，才是真正的爱一个人。

京生国参前面讲到三件事，如果把这三件事做起来，深圳的全民阅读就不得了。第一，建立阅读基金。很多人可能没有条件去买书，没有书来改变他的命运，很多人想上学但家里很困难。为什么社会不能提供一些资金让他们读书，让他们未来过有尊严的生活。建立阅读基金就是帮助他们获得知识，从而帮助这个城市。有一本书的名字叫做《通过知识获得解放》，让需要读书的他们的人生得到解放。第二，阅读立法，让整个社会，让整个公共政策为读书创造条件。第三，发布城市阅读指数。这个是带有深圳特色的指数，是用来衡量城市阅读的评判标准，是深圳标准，这是未来全民阅读可持续发展非常重要的一块。

此外我要补充的是，要关心阅读能力提升问题。当前每年的出版物有 40 万种。有的新书境遇很残酷，出版不到一个月就迅速被其他书代替。有的人花了一生的心血写一本非常优秀的书，但是很快被淹没了。读好书是一种能力。如何发现和推荐这些好书，培养人们发现好书的能力，从而培养阅读能力？这对今天来讲非常重要。书里很多道理是互相打架的。所以叫"尽信书，不如无书"，对读书能力进行培训、测试是必要的。

王京生：

第一，**就个人而言，阅读最终给每个人尊严，使我们精神越来越高尚，让我们在谋生中越来越主动，有自己的技能，能够为国家、民族贡献。第二，就城市而言，它让我们能够通过阅读而受人尊重。**问我们深圳如何走在前面，就是要通过我们自己的阅读，让我们这个新兴城市受人尊重。当别人都说你是文化沙漠的时候，每一个深圳人肯定心里都不服。我们虽然在深圳，但大部分人都是外来的移民。**当我们来到深圳的时候，我们不是带着文化沙漠的帽子来，每个人都怀抱着一个梦想。而这种文化的流动，这种梦想和自己实现梦**

想的愿望以及对这个城市发展的热爱程度，丝毫不亚于故乡。
我特别愿意听到在网上大家说我大深圳如何如何，确实应该有这种雄心壮志。现在北上广深同列一线城市，我们深圳只有不到两千平方公里的土地，北上广无论从城市发展历史和城市面积都远远超过我们，今天我们能跟他们比肩，是所有深圳人的骄傲。这一切的原动力之一，除了个人的梦想和阅读习惯以外，和整个城市的学习态度是分不开的。一个城市能通过学习受人尊重，是特别了不起的事情。

关于"读好书"的问题，怎么让大家在选择书当中更主动，实际上就是大家现在做的。我们有一百多个各种各样的阅读组织。这种阅读组织就是大家在教育大家，每个人提供好的阅读信息，没有任何功利。在座的都是阅读骨干，在你们周围都有一群阅读的人，我们跟他们互相激励。整个城市有各种各样的阅读组织形成，不愁读不到好书，也不愁这些好书是否能发挥好的作用。

（摘自 2017 年 4 月 23 日"书香中国·全民阅读推广
丛书"新书首发式现场实录）

> 城市与阅读
—— 与张抗抗、樊希安对话

把灯光调亮

张抗抗：

这几年，和京生参事、希安参事一起，我们一直在做全民阅读的调研，在调研中我发现很多故事，很多故事都在触动着我，感动着我，所以终于有一天，当有一个触点的时候，就产生了灵感。那是在贵阳的一个书店，它是古色古香很老的宅子，当地政府出于对书业的扶持，把四合院的一个厢房给那家书店用了。书店晚上都是开着的，营业的，我们白天调研完，晚上还要利用这个时间去书店。

就在我们坐下来看书的时候，那个老板说："我这儿灯光还是有点暗，我以后要把灯光调亮一点。"就在那一个瞬间，我心里的灯光也亮了。把灯光调亮这感觉多好啊！读书就是需要光的，因为每次出差到外地，住进酒店以后首先会关心阅读灯亮不亮，晚上睡觉前是要看一会儿书的。所以灯光调亮是非常重要的，读书需要光源。这种感觉产生了。就这样产生了我的一部小说《把灯光调亮》。

不计成本，文化至上

樊希安：

去年，中国出版集团和三沙市政府共建了三沙市图书馆。三沙是我们国家设在最南边的一个城市，刚刚建市五六年。那个地方确实比较遥远，我们拉着书，坐船坐了 14 个小时才到了那里，回来又坐了 14 个小时，非常远。那里气温 40 多摄氏度，永兴岛是三沙市首府，岛上有 1000 多人口，但是不管在哪里，读书活动都要开展起来，要让读书声在天涯海角响起来。于是，我们就把图书馆建立起来了。

张抗抗：

樊参事原来是中国出版集团、三联书店的老总，他对开书店有一颗狂热的心。我就想，这书运过去的成本多大，你们还按原价卖吗？

樊希安：

不计成本。

张抗抗：

不计成本，文化至上。去年我们到贵州遵义去调研的时候，走着走着，他就不见了。回头就看见他在另一边，说"这个地方开书店不错，咱们赶紧找人去啊，看这个地方谁管啊？赶紧谈谈，看能不能开书店"。结果，马上，就在我们调研期间这个意向就达成了。后来过段时间又飞到遵义去，那边书店开业了。

幼儿学则少年强

王京生：

深圳有一件事情，我已经关注了两年，也是在读书月和全民阅读的氛围中产生的事情。深圳有一个爱阅公益基金，做0—3岁和3—6岁两个阶段学龄前儿童阅读的工作，就是从小孩出生那天开始就要养成阅读习惯。我听了觉得特别好奇，0—3岁怎么做？就在两个星期之前，他们召开了第一次总结大会，哈佛大学的凯瑟琳教授也来了，她是全世界倡导幼儿阅读的第一人。去年一年里，他们一共免费发放了三万个阅读包，阅读包里有4本书，有两本是给小孩看的，都是绘本；两本是给大人看的，告诉大人怎么教小孩，从他出生开始怎么去培养他。

通过一年多的试验，他们发现情况还是比较乐观，同样的小孩，接受过阅读包的小孩在接受和理解词汇上，在交流时表情完全是不一样的，当场有专家研讨、论证、跟踪，现场展示了非常科学的一套方法。那天我其实挺受感动的，我问"你们准备了多少个包？"他们说"深圳有多少儿童愿意拿这个阅读包，我们就提供多少，而且我们希望为全国探一个路"。我听了以后，突然想到梁启超先生说的一句话："少年智则中国智，少年富则中国富，少年强则中国强。"我想再加两句"幼儿学则少年强，少年强则中国强"。未成年人阅读是特别重要的一件事，也是写进了"十三五"全民阅读规划的内容，要按年龄层次制定不同的学习标准。我们还要进一步关注这个事，推动这个事。

张抗抗：

我觉得这个爱阅基金很厉害，如果一直坚持下去，一直能够继续做推广的话，将来深圳的第二代、第三代实力依然是领先的。阅读纯粹是习惯，刚开始是很困难，一旦养成习惯以后，让你不读书你都觉得难受，每天总要读一点。

书店就是我们的精神高地

樊希安：

这些年一直在外面推广建设书店，经历了这样的一个认识，在国外的城市里有很多教堂，教堂是他们的精神高地。在中国城市里我们没有教堂，但是书店就是我们的精神高地，就是我们的追求。城市书店是一个亮丽的风景，全民阅读当中，书店发挥了很大的作用。书店里的一些人，包括民营书店和所有国有书店，他们的员工都为全民阅读做出了很多贡献。包括昨天的温馨阅读夜，整个深圳书城的员工一直从昨天晚上忙碌到今天早上 8 点钟，付出了很多辛劳。

我在湖南新华书店调研的时候，有一位女员工 40 多岁，她是书店的先进员工，兢兢业业。我问："你为什么工作这么积极？"她说："我对书店有感情。我妈就是营业员，就是卖书的。我妈怀我的时候还在上班，怀着孕上班，一不小心把我生下来掉到书堆上了。我现在当了营业员一定要好好去做，努力去做。"她讲到这，让我非常感慨。我在此要向所有书店的员工们致敬。

文化驱动创新

王京生：

《什么驱动创新》这本书实际上是我思考的一个结果。大家都知道深圳是创新型城市，但为什么深圳在全国创新之中走在最前列？ 2016 年麦肯锡报告认为中国创新能力最强的就是深圳，这是外国人做得最权威的报告。我曾经问过一些人，我问："什么驱动创新？"很多人刚开始一愣，但有的随后会说市场经济，市场经济发达，所以能创新。马上我就问："世界上一百多个国家都是市场经济的国家，为什么有些国家一直走在创新的前列，而有些一直徘徊不前。别的不说，深圳受香港的辐射，香港的市场经济今天仍然是深圳学习的榜样，但它那么发达的市场经济，为什么创新能力远远不如深圳？"问到这儿的时候，别人就答不上来了。后来在香港我听周其仁教授讲话："创新和创意就像种子一样，它在肥沃的土地上就可以生根发芽。"我接下来就问周教授："那肥沃的土地又是什么土地呢？没有文化灌溉的土地能够成为种子发芽的地方吗？"他说："我特别赞同这个观点，没有文化，没有独特的文化形态，一个城市、一个地区不可能走在创新前列。"

第二，从一个人的创新能力来讲，爱因斯坦说过一句话，"我们一切的力量都来源于文化，文化给了我们一切"。这是他在美国一个公开场合演讲时专门讲到的，他是第一流的科学家，他看到了美国文化使他迸发出来的创新能力和美国的生机勃勃。从这个角度看，**我们需要的企业家精神，以及创新精神、工匠精神，哪一个不需要文化的滋润和培养？任何一个科技工作者，当他要创新的时候，首先是不是来源于他思想的维度？从人类历史上来看，是不是先有了文艺复兴，有了启蒙运动，才有了科学革命，有了工业革命？**特别凑巧的是，我参加去年的温馨阅读夜，灵机一动，这个城市这么热闹，这么喜欢读书，那阅读和创新是什么关系？一想到这个问题就有点振奋，我回去就把全世界各国的阅读指数和各国的创新能力做了一个比较。我发现了一个特别简单、特别大的秘密，**阅读指数和创新指数高度重合。**

全世界都承认，最能创新的民族是以色列犹太民族，到去年为止全世界有 600 多个科学家获得诺贝尔奖，以色列获得了 158 个，到现在势头也还不减。以色列也是全世界人均阅读量最高的国家，全世界都知道是 64 本。带着这些问题，我前一段时间还到以色列去，那真是一个人人以读书为荣的社会，所以，难道以色列的创新是偶然的吗？那么一个古老的文化居然有那么强大的创新能力。在世界上，还有中华民族也能迸发出那样的创新能力，那就是两个古老的文明同时又重新迸发出了强大的创新能力。

文化的力量绝对不是简单的。而我们之所以有信心，是因为这两个民族有很相似的地方，都特别注重家教，都特别注重文化阅读传统。中国人可能在这方面更加持久。中国确实缺贵族传统，一有农民起义，整个社会秩序就打乱了，打破了贵族延续，**但中国从来不缺书香门第，书香门第一传就是几十上百年。而这种学习的态度，就是我们一直讲的文化自信。**"文化兴则国家兴，文化强则国家强"，其中就包含着文化对创新的驱动作用。只要文化是活跃的，思想是活跃的，如果能够蓬勃地发展，如果我们真的是在创造一种创新型、智慧型、力量型和包容型的文化，这种文化就一定能够促进深圳乃至国家创新能力的发展。

阅读应该和一座城市的气质相匹配

樊希安：

对我们国家来说，现在提倡读书和全民阅读跟三十年代是不一样的。过去搞革命的时候讲农村包围城市，先把农村搞起来包围城市，但是在建设时期搞全民阅读，这是城市带动农村，先把城市建设好，阅读搞好，再影响农村。城市阅读在每个城市遇到的问题都是不一样的。就像每个人的气质都不一样，城市的气质也不一样，中国北京、上海、深圳的气质也不一样。

深圳是现代化的气质，现代城市的气质，在读书活动推广当中，适合推广心理阅读、数字阅读、科技阅读，一个城市越发达，科技含量就越高。深圳的阅读工作做得非常好，每个公民读书都是自觉行为，虽然市委市政府提供了很多便利条件，但是读书毕竟是个人的事情，需要自己踊跃参加，深圳这一点做得非常好。深圳的阅读是和自己的气质结合在一起的。

我在遵义推广全民阅读，遵义这个城市是一个典型的红色城市，我们推广城市阅读就和红色文化城市建设结合起来，传承红色第一，弘扬红色文化。我们在新疆哈密推广全民阅读，通过文化援疆和哈密瓜的传播，和民族文化融合结合起来。我们在三沙推广全民阅读，就和椰风海韵结合起来，这样才能有各自的特点。

诗意的触摸

张抗抗：

阅读是有一个过程的，去书店把书买回来，打开书，在什么心境下读书呢？古代读书人在读书以前会焚香沐浴，就是一种阅读体验。到了电子阅读以后，这个过程好像就没有了，手机打开来就开始看书，乐趣就没有了。纸张啊，油墨啊，书香啊，还有书本给我们带来的亲切感和亲近感，就都没有了。一切看起来都变得太直接了。

樊希安：

当前我们主要的阅读方式和生活方式发生了变化，一部手机改变了我们的生活。我们提倡全民阅读，既要提倡纸质阅读，又要提倡电子阅读和网上阅读，这两种方式都不能排斥。我提倡全阅读，全营养。只有这样我们的发育才是正常的。当然，纸质阅读更多是经典阅读，现在网络阅读中有很多网络小说写得很快，一晚上可能就写 1 万多字。过去我们写一本书十年磨一剑，现在是一年磨十剑，它的产量和质量不一样。多强调纸质阅读和经典阅读，影响会是非常大的。

王京生：

对纸质阅读和数字阅读的选择，就像每个人都有权利追求自己的生活方式一样。当你在晚上打开灯，能够安安静静读一本书的时候，书当然是你获取知识的源泉，更重要的是你在实现一种生活方式，这种生活方式让你既闻到书香，又有无限的宁静，它调整了你的心态，让你把所有承受的负担都忘掉，这一点可能对于一个长期坚持阅读并且有纸质阅读习惯的人，更容易使他放松心情，更能够让他在知识的海洋无拘无束地去读。

　　同样的，数字阅读里面也有经典。我在旅行的途中，在一个海岛，坐在岩石上，比如说读《老人与海》，当你听到海浪，你在那里读，不可能每本书都带着吧。这个时候，数字阅读可能也是很好的一种享受。但是这种享受和纸质阅读那种享受相比，是因为人的不同习惯、品位和差异，或者因为追求的着眼点不同而不同，没有优劣之分。每个人因自己的不同而阅读方式不同，都值得赞成，主要是一种心态。

　　（摘自 2017 年 12 月 3 日深圳读书论坛"在历史的天
空下"活动现场实录）

> 阅读让城市更美好
—— 与李潘、尹昌龙对话

深圳读书月缘起：两个认识、一个契机

李　潘：

　　深圳改革开放 40 年创造了三大奇迹——经济奇迹、城市建设奇迹、文化奇迹。深圳由文化沙漠成为后来的文化绿洲，这个转身印证了深圳的文化奇迹。现在的深圳阅读是一张品牌，而阅读最重要的品牌活动就是深圳的读书月。王京生和尹昌龙两位嘉宾是深圳读书月的创始人、倡导者、推动者和最重要的执行者。所以，今天我们的话题要从深圳读书月展开。请问深圳读书月是怎么开始的？

王京生：

　　今天来到书展很感动，因为这个书展让我想起 1996 年深圳举行的第七届全国书市（书博会的前身），想到了 2000 年我们开始举行的读书月。深圳把读书作为文化发展的重要内容，我觉得是来源于两个认识、一个契机。

　　第一点认识是，1992 年以后，深圳经济兴旺发展，到处都在谈钱，到处都在言商，城市在飞速发展中也产生了浮躁

之气。**如何使城市能够充满信心发展的同时，又能大气、安静，给城市增加底蕴，让它可持续发展呢？得出的结论是读书，读书能改变一个城市的气质。**第二点认识是，文化工作到底要干什么？最重要的是满足每个人对文化的需要，即实现每个公民（市民）的文化权利。这是深圳第一次提出阅读是一种文化权利。但文化包含的内容特别多，唱歌、跳舞、听音乐、看电视、看电影等，太多了，哪个权利和每个人息息相关呢？这就是阅读的权利。一个契机是，2000 年的深圳读书月正是全国第七届书市在深圳召开，那个情景对每个人都很振奋：当时书市要花 5 元钱买票，但是买了票的人都进不去，人太多了！黑市的票炒到 50 元、80 元。市民买书都是推着车、扛着麻袋、开着皮卡去的。从那年开始，深圳的人均购书率连续 23 年居全国第一位，到现在为止，还是全国第一。从那时候起，"文化深圳从阅读开始"就成为我们努力的共识。

尹昌龙：

2000 年那时我还是书店的负责人，深圳读书月开幕式上，主持人刚宣布读书月开幕后，猛地刮来了一股大风，呼啦一下把读书月"读"字的言字旁刮飞了，读书月变成了"卖书月"！结果那年真的是图书大卖。

难忘殊荣："全球全民阅读典范城市"

李 潘：

深圳在 2013 年被联合国教科文组织授予"全球全民阅读典范城市"，请回顾一下这么有意义的事件。

尹昌龙：

2013 年世界大学生运动会在深圳举行，一天上午市委市政府请来自各国的嘉宾看看深圳。当时去看了音乐厅、图书馆、书城，一共是 2 个小时，在中心书城停留了 1 个小时。联合国教科文组织总干事伊琳娜·博科娃对中心书城的印象很深刻。晚上宴会结束后，她带着秘书和老公又逛了 3 个小时的书城。当时，他们还买了两本书，其中一本是关于中医的，还买了李云迪的碟。之后他们到深圳书城的尚书吧品红酒。后来，我们到巴黎拜访伊琳娜·博科娃，她听说我是深圳书城的老板，一定要拥抱我，她特别喜欢书城。

王京生：

授予深圳"全球全民阅读典范城市"称号是 2013 年的事情，那时候深圳的读书月和全民阅读的风潮已经形成了壮观的局面，也真正融入大部分深圳人的生活。伊琳娜·博科娃看了深圳中心书城后说，走过世界上很多城市，也看过各种各样的读书活动，但从来没有看到一座城市对读书这么重视，市民这么热爱读书。因此，她回去后就提议召开联合国总干事会议，提出授予深圳"全球全民阅读典范城市"这个称号，这个荣誉是对深圳极大的鼓舞和肯定。

尹昌龙：

深圳获得了"全球全民阅读典范城市"称号，同时，博科娃将"孔子奖章"颁发给时任深圳市委常委、宣传部部长王京生同志，以表彰他对读书活动的贡献。

深圳：全国首个为阅读立法的城市

李　潘：

一个城市为阅读立法，深圳也是全国第一家。当时为什么会想到要为阅读立法？

王京生：

这与联合国教科文组织授予深圳"全球全民阅读典范城市"有直接关系。市委市政府都在考虑如何给这个牌子添彩，取得这个荣誉和保持这个荣誉不是靠一时的激情，必须通过法律去保障。当时，我们给市里提出立法的建议，直接向当时的市委书记王荣和许勤市长汇报，得到他们高度的肯定。当时书记风趣地说，给阅读立法了，以后大家不读书难道算违法吗？我说，这个立法是保护市民的阅读权利，是指引、监督、督促政府，即政府必须要为读书服务努力。书记和许勤市长说那要大力支持，由政府整合资源进一步推动阅读。当时是许勤市长到北京领的"全球全民阅读典范城市"这个奖。我们要求政府支持，还把深圳已有的一些模式，比如读书月，通过法律固化下来。

尹昌龙：

我对阅读立法印象特别深，在读书月进入第 15 届后，京生部长提出一个问题，读书月这件事情要可持续发展，就必须创造可持续的机制和制度设计来保障它。当时讲了三个问题，第一就是立法。第二是成立阅读基金，给公益性的活动提供经费支持。第三是阅读指数，深圳要坚持发布阅读指数，让读书成为一座城市的风尚，让读书成为一个城市文化发展的标杆。

我理解的阅读立法是约束政府，而不是约束个人，它有两个含义：第一，政府部门必须给读书提供支持，如果不提供支持就是违法。公民的文化权利，政府必须保障，如果不保障，政府就违法。所以提出政府相关部门必须给全民阅读提供各种支持，特别是经费支持。第二，阅读基金要以财政为主引导各方面，为读书条件比较困难的，比如外来工买不起书的，要给他们创造更好的阅读环境，比如图书捐赠，还要请名家进行阅读指导。还有更重要的是，规定每年 11 月必须办读书月，如果那时候不抓阅读就不行，这就是刚性的，不是个人意志决定的。我们特别强调未成年人读书，每年4月23日确定为深圳的未成年人读书日，强调青少年读书、亲子读书的重要性。

李　潘：

阅读立法的初衷是约束政府，保障公民的阅读权利，让全民阅读能持续下去。

王京生：

对，这是非常重要的出发点，也是立法的决心所在。

李　潘：

这也是深圳的创新，在全民阅读上深圳做出这么多创新，是什么驱动了创新？王京生参事出版了一本书《什么驱动创新》，您觉得是什么驱动了创新？

王京生：

因为深圳确实是中国的创新之城，是中国的硅谷，创新力特别强。去年，全国发明专利如果以百分之百计算，深圳占了46%，一个城市几乎占了全国的半壁江山。南山区占全国的26.5%，因为科技园在那里。一个市、一个区占这么大的比例，创新能力确实很强。

创新驱动发展，什么驱动创新？这个问题的提出与我参加读书月活动有直接的关系。前年,在"4·23"读书月纪念活动时,我突然想到,创新和阅读是什么关系?我一想,再一查,结果让我大吃一惊,全世界的阅读指数和创新指数高度重合。举个例子,创新成果最多,转化率最高的国家是以色列,同时也是全世界人均读书量最高的,去年人均读书64本。瑞典也是全世界创新指数最高的国家之一,排名第二或第三,接下来是美国、英国、德国、日本。走在世界创新前列的国家都是阅读指数高的国家。所以,我觉得文化驱动创新里,阅读占了非常重要的分量。

如果没有文艺复兴,没有启蒙运动,会有工业革命和科学革命吗?人要有观念的引领。**一个现代化企业要有三大精神——企业家精神、工匠精神、创新精神,这三大精神都与文化、阅读有直接的关系,精神本身就是文化。**城市要可持续发展,要不断地迸发思想活力,就看看多少人坐在图书馆里,多少人买书、研究问题,这实际上就是在创新,读书能发现问题,读书能萌发创新思维。

随着读书月的深入,全民阅读的深入,我觉得有两点认识在原来基础上有所提高。第一,阅读决定城市的创新;第二,阅读决定每个人的可持续发展。

李 潘:

你刚才说的数据证明阅读指数高的城市创新力强,深圳不就是这样吗?

尹昌龙：

　　深圳在国际发明专利的申请一直高居全球首位。很多人在问，深圳为什么成为一线城市，为什么深圳市生产总值超过广州、香港、新加坡，大家都在解读这个问题。深圳这些年强势崛起的密码在于创新，但是创新的密码就是京生参事刚才说的。改革开放 40 年，深圳的综合竞争力为什么一直在全国排名第一？有两个方面，第一，面向市场的改革，市场把人的潜力、创造力发挥出来。第二，学习型城市，强大的学习能力使深圳人面对未来无所畏惧。我们面对很多不懂的东西，特别是科技迅速发展，但是没有关系，我们有学习能力。现在企业招员工不仅看你学什么专业，更看重员工的学习能力，对一个城市的评价也是这样的。

王京生：

　　创新给了深圳信心和力量。我在搞"双创"研究的时候发现，深圳是低要素投入创新的城市。要素高的是北京、武汉、西安，这些是大学云集的地方，本身有知识支撑。深圳当时搞创新的时候只有一所大学，就是深圳大学，而且是新学校，但是为什么创新能力这么强？这个低要素并不是决定性的，决定性的因素是另一个方面。

　　深圳有将近 1000 家图书馆，有 200 台自助借阅机，还有几十个书吧，现在还有五大书城。试问哪个城市有这么强大的阅读空间和力量？只有在大学才能学习吗？不是，每个人都可以到书城、图书馆、书吧去学习。有一个现象特别让我感动，从深圳图书馆开业那天开始，只要图书馆开馆，每天早晨都有很多人静静地排队，这是深圳最独特的景观，市民的学习热情让人感动。

深圳书城："看到天堂的模样"

李　潘：

我上次参加十大童书的评选，在深圳书城会感觉到"看到天堂的模样"，因为有那么多书，有那么多爸爸妈妈带着孩子在那里阅读，非常感人。深圳书城每座面积都在上万平方米，这是其他城市没有的，而且深圳书城形成了自己独特的模式。您写了一本书《以书筑城，以城筑梦——深圳书城的模式研究》，您讲讲深圳书城的模式究竟是什么？

尹昌龙：

白岩松说，"我走遍全世界，只有在深圳书城才是仰望读者的"。深圳书城在全世界是独一无二的，因为在全世界的书城里，很少有像深圳书城这么大的，美国的连锁书店都是很小的门店。外国人到深圳书城一看，这么大，他们觉得这是他们一辈子的梦想。而且，在深圳每个区的核心地带都有一座大书城。京生部长当时给这个城市奠定了很好的书城架构，"一区一书城，一街道一书吧"，每个区的核心地带一定会有大的书城，每个街道都有一个书吧。现在，我们有 5 座书城，都达到 35000 平方米以上的面积。1 万平方米以上就是超大书城了，35000 平方米就是特大的。所以，我要给书城写一本书。一方面，书城是文化战略的支点；另一方面，书城在中国书业转型时创造了经验。

前些年，媒体报道最大的文化新闻是实体书店纷纷倒闭，但是这几年实体书店一个个归来，这个归来是另一种意义的归来，是涅槃重生，业态有了巨大的变化。传统的书店是卖书，今天的书店是公共文化服务的平台，是诠释文化生活的空间，所以现在的书店不是之前意义上的概念。在书城里有大量的文化活动，过去文化部门办活动，但是在今天，在书城就能办活动，中心书城一年的文化活动有 800 场，远远超过了很多文化单位举办的活动。以前，书店就是卖书的地方，现在远不是这样的概念了。现在，还有智能书城、创意书城，书城变成创意力量的聚集地，变成文化产业园区，这是书城现在面临的新变化。所以，我觉得书城在新的意义上的归来是中国书业转型的重要案例，通过它看到中国书业转型往哪里走，全民阅读的方向往哪里走。

深圳全民阅读风生水起的原因和经验

李　潘：

深圳阅读推广一直做到现在，有太多的经验可以总结。我想问一问京生参事，请您总结一下整个深圳的全民阅读走到今天，最重要的因素是什么？可借鉴的经验是什么？

王京生：

这是我经常反思的问题，为什么这件事情推行得这么顺利。我想有几个方面。第一，政府的支持。每年的读书月，市委书记、市长都亲自站台，每一年都是这样，作为大事来做。更可贵的是，李灏、厉有为两位老书记和李海东主任是读书月的总顾问。现在，李灏书记过了90岁了，李海东主任将近90岁，这么高龄还为读书月站台，这说明政府支持。第二，专家的指导。饶宗颐先生、金庸先生，虽然是香港人，但是愿意为我们当阅读顾问。余秋雨先生、谢冕先生也都是我们的顾问，这么多大家都来支持深圳。第三，企业运作。读书月和其他的活动不一样，不是政府部门直接抓，而是企业运作，即出版集团运作。为什么让出版集团运作呢？因为运作读书月最有热情的就是卖书的人，没有一个单位有这样的激情，所以让他们来运作。企业运作有着充分的活力，高尚的公益活动，加上市场的元素，就会更活跃、更公益、更公平。第四，市民的热爱。深圳市民很热爱读书，深圳有130多个民间阅读组织，深入各个方面。深圳有一家儿童早期（0~6岁）阅读组织，是企业家成立的爱阅基金会，还有亲子阅读、学校推动阅读，这个力量特别大。还有一点，昌龙说的观念引领。

尹昌龙：

我补充一下。很多人到深圳跟我们交流读书月活动，很多城市也办读书活动，但是最后变成鸡肋，他们问深圳为什么越办越有吸引力？刚才京生部长说，三个老同志每年为读书月站台，第15届读书月的时候，全场为三位先生鼓掌。这么多年了，他们真的一直为读书月站台，他们的示范作用特别重要。美国总统会给孩子讲童话故事，是作为一个示范，让全社会知道应该这么做。当年，我们的宣传部部长对读书活动这么重视，这都是对阅读高贵的坚持。我认为理念的引领力量很重要。有一年，我们跟内地的相关负责人交流后，他们给我们写了感谢信，不是感谢我们接待他们，而是感谢我们给中国的读书以强大的理念。

读书月每届都有不一样的主题，组委会办公室主任每年都要想主题，包括"文化深圳从阅读开始""让城市因为热爱读书而受人尊重""我阅读，我快乐""阅读筑梦，阅读圆梦""读具匠心""阅读永恒，载体创新"，等等。读书月这几年创作了无数阅读理念，这对人的引领，对我们重新理解阅读方向非常重要。深圳大量地产生非常有创新意义的理念，这些理念把阅读活动提升到很高的高度。

李 潘：

　　说到更具体的层面，深圳能不能给其他城市开展读书活动提供一点经验？具体实操的时候，有什么要注意的部分可以让活动能持续、成功？

尹昌龙：

　　京生部长当年有一句话，"读书月的策划和筹备过程就是大的创意过程"，即注重创意策划。读书月第 7 届的时候，有七年之痒，激情没有了，想象力也贫乏了，怎么重新唤起激情，寻找新的创意，这对读书月太重要了，对组织者、参与者都很重要。从那以后，我们把创意置于非常重要的位置，每年开几个层面的策划会。第一，读书月走进全国书博会。每年都会请全国出版界的大家、名家给我们策划。第二，我们每年要开媒体的策划会，很多著名媒体，包括新媒体，媒体人的特点是活跃、点子多，对"如何让活动更具有公众影响力"进行策划。第三，读书专家策划会，让专家一起来策划。第四，市民代表策划会。让各个领域的市民说说他们希望的读书月是怎样的。这么多会议举行下来之后，再进行头脑风暴。每年，我们新创的活动有几十项，去年达到 36 项。所以，越办越新，越办越有激情，这也是可持续的一个方面。

李　潘：

　　两位嘉宾都是超级爱读书的，能不能在这里分享一下对自己非常重要的一本或两本书？

尹昌龙：

　　我推荐两本书，第一本书是《道德经》。《道德经》是天地境界。人类面临很多问题，可持续发展的问题、文化战争的问题等各种各样问题，如果大家都读《道德经》，在超越知识境界上处理问题，就会迎刃而解，但很遗憾的是我们都没有读懂它。第二本书是夏尔·丹齐格的《为什么读书》，我特别喜欢这本书。为什么很多中学生在高考结束后烧书狂欢，他们为什么恨书，因为书使他们不快乐。这本书告诉我们读书是好玩的事，书不是压迫人的，书让你多活几个时代，让你活得可爱、有趣，读书的人应该是有趣的人。书中有一个观点，读书的人可以在有限生命中得到无限的东西，可以在书中活得很长。

王京生：

《道德经》也是我喜欢的。**黑格尔说中国没有哲学，因为他没有很好地读《道德经》，这是一本解决人的世界观的书，是形而上的东西。**如何把《道德经》读懂？我个人体会是，如果你从"道可道，非常道"的第一章开始读起，到第八十一章"天之道，利而不害，圣人之道，为而不争"，能看得非常有逻辑时，你就基本上读懂这本书了。《道德经》说的很多逻辑问题，都是用"道"去解决，我觉得《道德经》是解决世界观的问题。

《论语》解决的是人生观，《道德经》教你如何观察世界，跟世界打交道，而《论语》是解决现实生活的问题，所以它是解决人生观的问题。《孙子兵法》是解决方法论。我们如何处理各种关系呢？在某种意义上，解决问题与打仗的原理是一样的。"上兵伐谋，攻心为上，不战而屈人之兵""实则虚之，虚则实之""夫兵形象水，水之行，避高而趋下，兵之形，避实而击虚；水因地而制流，兵因敌而制胜；故兵无常势，水无常形；能因敌变化而取胜者，谓之神"。这些说的都是方法论，把它读懂就能处理问题。

李　潘：

与两位聊天太受益了，读书给人带来快乐，读书能激活人的生命，也能激活城市的生命。深圳坚持几十年来推广阅读，这种高贵的坚持让城市有了强烈创新的面貌。我们有一个口号，"让城市因热爱读书而受人尊重"，我相信每个人来到深圳都有这样的感受。

（摘自 2017 年 12 月 3 日第二十八届全国图书交易博
　　　　览会全民阅读"红沙发"活动现场实录）

> "双创"何以深圳强
—— 与陶一桃对话

深圳"双创"为何强?
—— 源于政府的自觉、民企的活跃和高科技的优势

王京生:

三年多来,"双创"之路越走越宽,其经济意义十分显著,"双创"正在并将不断显现出其深远的经济、政治、文化、社会、生态等多方面意义。"大众创业,万众创新"是落实创新驱动战略的重要手段,是中国迈向创新型国家的必由之路,有助于解决关乎社会稳定的就业问题,同时体现社会公平,让每个人都有上升空间。双创的影响是全方位的,**深圳"双创"为什么强?是源于政府的自觉、民企的活跃和高科技的优势,核心精神就是"闯"与"创",这也是深圳这座改革创新之城的本质和品格。**

陶一桃:

深圳"双创"强不足为奇。深圳是中国改革开放最早的城市之一,很早就形成了以民营企业为主体的市场土壤,在全国最早形成有利于"双创"的经济结构优势。"深圳有4

个'90%以上'值得称道：从经济结构看，深圳90%以上的企业是民企；从高新技术产业看，90%的企业是民营企业；从研发投入看，90%以上研发投入资金来自民企；从专利发明看，将近96%来源于民企。"

"双创"与文化、阅读有何关系？
——文化是"双创"的土壤，阅读指数与创新指数高度契合

王京生：

世界经验表明，阅读指数与创新指数高度契合，阅读对于创新有着积极的推动作用，换言之，走在创新前列的国家，都是在世界上阅读位于前列的国家。比如以色列，它是全世界公认的最富有创新的国家，也是最善于学习的国家，人均每年读书高达64本。

深圳"双创"之强和这座城市阅读氛围之浓是密不可分的。阅读已经成为这座城市的风尚，"以读书为荣、以读书为乐、以读书为用"正成为深圳市民的价值理念和生活方式。在深圳，可以说"读书已然成风气，满城尽是读书人"。

文化和"双创"紧密相连，文化是"双创"的土壤，反过来"双创"也推动着文化的发展。创新驱动发展，那又是什么驱动创新？技术、制度、市场、资本等要素固然重要，但最关键的还是文化。**深圳创新强，关键就是文化强。因此，推动创新创业，文化既是领航者，也是保障者；既是灵魂也**

是基础。同时，"双创"对文化的发展也有影响，一方面为民族文化植入了强大的创新基因，另一方面它更强调每个人的尊严、能动性和自由发展。创新精神、工匠精神、企业家精神是高质量发展的精神支柱，对于推动双创发展、迈向高质量时代至关重要，尤其需要推动工匠精神深入人心，大力提升产品质量，**一国产品之质量乃一国之国民素质，一国产品之信誉乃一国之国民尊严**。

陶一桃：

作为开放的人才市场，深圳吸引了不同文化背景和文化理念的年轻人，流动的文化在深圳表现为生产要素本身的多元化。正是生产要素的多元化成为深圳创新的基础。从这个意义上讲，流动的文化就成为一种生产力，使深圳成为富有创新品格的城市。在这座城市，人们有创造、创新和发展的自由。

深圳如何打造"双创"升级版？
—— 向全球主动招揽人才，壮大城市主流文化提升竞争力

王京生：

现在世界一流城市都在展开人才争夺战，深圳要形成国际人才的高地，要以国际眼光，向全世界主动招揽人才，进一步扩大开放。同时，不断壮大创新型、智慧型、包容型、

力量型城市主流文化，让深圳拥有可持续的、一流的城市竞争力。

陶一桃：

创新不是一个简单的技术问题，更要具备战略眼光和民族意识。引进更多国际化人才，要形成更宽松的人才引进制度。

王京生：

未来，要把粤港澳大湾区建设成为世界一极，需要打破"三个壁垒"——制度壁垒、要素壁垒和行政壁垒，同时推动"两个流动"——湾区内部创新要素和文化的流动，以及湾区和世界之间的文化流动。

陶一桃：

粤港澳大湾区的形成是中国改革开放 40 年发展的必然趋势，这个高地将产生优质要素的集聚效应，进一步促进"双创"的发展。

（摘自 2018 年 4 月 23 日 "'双创'何以深圳强"高端对话暨同名图书分享会现场实录）

> 阅读与人生
——与唐浩明对话

唐浩明：

20世纪90年代，大家都来到深圳淘金，搞经济建设。我当时在湖南，我在出版界做个什么事情呢？我在清点曾国藩全集。故纸堆，真正的故纸堆，从湖南省图书馆的仓库里把那些发霉了、已经被虫蛀、一百多年前的老版，我一件一件地把它翻出来，我在整理。就在这种过程中，我走进了曾国藩的事迹。

过去在我读书的时候，曾国藩在历史教科书上是一个很坏的人，他十恶不赦，又是刽子手，又是卖国贼，又是大汉奸，被钉在历史的耻辱柱上。但是我在读曾国藩的东西时，发现好像不是这样子。他的文字都摆在那儿，他的很多话，他的人生观，他的价值观，甚至包括他的美学观、审美观，我很多都能够认同，跟我们从我们老祖宗那里接受的文化教育非常能够吻合。我心里面就有很大的迷惑。

我想这个人是非常有趣的历史人物，我开始用自己的思维、大脑来好好地研究他。通过研究我觉得，他既不是十恶不赦，也不是立德立功立言的三立完人，他就是近代一个充满悲怆的人物，看起来表面风光得不得了，但是他的内心比当时所有人都悲怆，都孤独。我要写一部以他为主人公的历史小说。因为我喜欢读《三国演义》，从小就喜欢读。所以我要写一个像《三国》这样的小说，以曾国藩为主人公的文学著作，用文学的语言，文学的元素，来诠释我心中的那个人物和那一段历史，这样就有了长篇历史小说《曾国藩》。

因为我是一个文化人，我总觉得这是一个文化人应该做的事情，是我们的担当。至于现在大家都在赚钱，我呢，一个是我赚不到钱，另一个我也不是很感兴趣。我觉得有粗茶淡饭，能够过日子，做着自己喜爱的事情挺好的，尤其是一个文化人，好好读书，把自己的想法用文字表述出来，再来写本书，让大家都来看，让大家都了解我的这样一些认识。这是一件很快乐的事情，所以我就做了这个事。

王京生：

今天这个对话，我能陪唐浩明老师来，是非常荣幸的。因为唐老师在我心目中是非常受尊重的一个学者，而且又是一位文学大家。这种尊重从我看到《曾国藩》这本书就开始了。当时我在《深圳青年》杂志，就安排编辑采访了唐老师。看了采访文章后，更觉得作者了不起。所以我一兴奋就给文章起了个名字，"湖南出了个唐浩明"，而且把这名字专门打在杂志的封面上，最显眼的位置。那期杂志是 1995 年的第二期，发行量是 54 万份，在当时创了《深圳青年》的一个新高！

我为什么喜欢唐老师？为什么喜欢《曾国藩》这本书？第一点，就是刚才唐老师说的，曾国藩这个人在历史上绝对是一个有争议的人。但是奇怪的是，居然国共两党的最高领袖都对他崇拜得不得了。一个是我们共产党的领袖、创始人毛泽东说，"于近人独服曾文正"，毛泽东服他，蒋介石更服他，把他看成是古今完人，而且把曾国藩的家书，把他的著作放在床头，没事就拿来翻，把他作为人生的楷模。这就怪了，两个人，政治上的死对头，居然在对曾国藩的问题上，这么尊重他。这人，绝对不是一般人。《曾国藩》这本书进一步把曾国藩还原成一个有血有肉的，生活在那个时代，又能够让所有的世人和我们今天能理解的一个人。这本书好就好在，第一，他用生动的形象剖析了中国的世人，叫读书人；第二，他用生动的笔墨剖析了中国的官场；最重要的，第三，他用生动的文字剖析了中国的文化。所以，我建议年轻人没有读过这本书的，仔细读懂。

　　第二点我不得不说，我佩服唐浩明老师本人。唐老师从1984年开始整理曾国藩文集，一直到写这本小说，1992年完成，1993年出版，用八九年的时间倾注于曾国藩的研究，学术造诣非凡。他和其他的作者不一样，其他作者可能写小说主要注意一些奇闻逸事，然后凭想象把当时的社会风俗了解一下，就写出来了。唐老师不是，唐老师是在整理所有的曾国藩文献的基础上，先是从学术上剖析这个人，然后再写成小说。而且我从书中能感觉到，唐老师一方面在写曾国藩，一方面也寄托着自己的人文情怀。

第三点就要说到这本书的影响。这本书 1993 年出版以后又经过 13 次的再版，在国内，到今天为止，这样的图书非常不多见。更重要的是这本书在大陆出版不久后，香港和台湾也在出版，海峡两岸暨香港同时出版一本书，影响太大了。所以这本书在当时可以说是变成了一本大家都要读的书。所以说到我起的这个题目，大家想想，应该不应该是"湖南出了个唐浩明"。

唐浩明：

当年我看到《深圳青年》这篇文章，首先是很惶恐，这么大的一个题目，我怎么承担得起，湖南有多少人才，我算什么？我心里很不安，但是当然非常感谢，感谢这一番厚爱。20 多年来我也一直以这个标题激励自己，我作为一个湖南人，真的要有这样一个责任。

我曾经用四个字来概括湖湘文化，一个就是楚风，一个就是湘学。曾国藩生前有个最大的特点，就是"霸蛮"。"霸蛮"这个东西最能够体现湖南特色，这是由湖南地理环境和人文环境而成的，是湖湘文化一个基础。但是如果湖南人只有霸蛮，绝对成不了大事。还有一个很关键的东西决定了湖湘文化，就是湘学。湘学有两大特点：第一个，注重心性。康熙皇帝为岳麓书院题一道匾，叫做"学达性天"，性天上，性天就是人性最高的东西，湘学追求这个。所以它培养的学生有信仰，有追求。这是一个很重要的特点，它不只是传授知识而已，关键的是出于人格人品的培养。第二个，经世致用。它的学生拥有改造中国与世界的一个宏伟的抱负和具体办事的本领。你不能只在书单里面，那是书呆子。你要走出去，要改变整个社会，用你的学术为老百姓着想。湖南有很多以知识分子为代表的精英，他们受过湘学的培育熏陶，又具备湖南人的霸蛮，所以两者结合起来，能够做惊天动地的伟大事业。尤其在近代，从曾国藩到毛泽东，他们改变中国，改变世界。

王京生：

有一句话是，"中国若是古希腊，湖南便是斯巴达"，斯巴达是古希腊城邦里面最强悍的一个城邦。所以能看出湖南确实很了不起。

唐浩明：

我跟深圳的读书、阅读的渊源要超过任何一个城市。深圳读书月，我记得清清楚楚的就参加了三次，还有一个深圳的市民讲座，我不记得参加了多少次，还有深圳好多的文化讲座，它也不是视频讲座，也不是读书月的，尤其是企业家或者是文化机关举办的，我也来过很多次。要数在文化讲座谈读书最多的，我是在深圳。

2001 年，我的历史小说封笔之作《张之洞》出版时在深圳搞了很大的发行活动。时隔 17 年了，我记忆犹新。那天买书的人排了几百米，现场调动了十多个保安在维持秩序。我在别的城市，包括北京、上海，都搞过签售活动，根本就不能够跟这个场面相比。深圳读者对阅读的喜爱和热情让人感动不已，那一刻，我觉得作为一个作家真的是太荣幸了。"天行健，君子以自强不息；地势坤，君子以厚德载物"，梁启超把《周易》的这两句话送给清华大学，我也把这两句话送给深圳读者。

王京生：

我想送给读者三句话，源自《曾国藩家书》。"唯读书可改变气质""有志、有识、有恒""为学譬如熬肉，先须用猛火煮，然后用慢火温"。通过政府和市民的共同努力，深圳要不断营造阅读环境，不断丰富阅读手段，不断弘扬阅读价值，要让"以读书为荣"成为我们的价值观念，让"以读书为乐"成为我们的生活方式，让"以读书为用"成就我们的人生梦想。

（摘自 2018 年 7 月 18 日第二十八届全国图书交易博
览会"大家的声音"对话实录）

全民阅读丛书
·名家系列·

第五辑

读书篇

在阅读的星空下诗意栖居

> 九十年后看《中国问题》

2012 年是罗素的《中国问题》发表 90 周年。

伯特兰·罗素是 20 世纪声誉卓著、影响深远的英国哲学家和伟大的思想家。《中国问题》是罗素唯一一本关于中国的论著。他以一种深刻的历史感与全球意识看待中国的文化，反映了一个西方学者的中国文化观。虽然已过去整整 90 年，但今天重温书中有关中国文化方面的思想观点，仍有很强的现实意义。

一、长盛不衰的中国文化

罗素在《中国问题》中认为，中国文化延续数千年而不衰，实在了不起。他在书中写道，"从孔子时代以来，古埃及、巴比伦、马其顿、罗马帝国都先后灭亡，只有中国通过不断进化依然生存，虽然也受到诸如昔日的佛教、现在的科学这种外来影响，但佛教并没有使中国人变成印度人，科学也没有使中国人变成欧洲人"。（见《中国问题》第 165 页，上海学林出版社出版。下文罗素的观点引用皆摘自《中国问题》）。究其原因，罗素认为，"最大的原因或许因为中国人口众多而且又同属于一种文化"。其次，中国文化善于同化外来文化。再次是因为中国有方块字。罗素说："中国文化能如此历久不变，足以让后人追根溯源，或许就是由于使用了表意文字。我们是一字代表一音，而中国却是一字代表一意。"最后是因为中华民族忍耐力强。"中华民族是全世界最富忍耐力的，当其他民族只顾及数十年的近忧之时，中国则已想到几个世纪之后的远虑。它坚不可摧，经得起等待。"

对于罗素关于中国文化长盛不衰原因的观点，我基本上是赞同的。尤其是关于中国文化善于同化因战争和其他因素而进入中国的异族文化的观点。但是，为什么中国文化能够同化其他文化，而不被其他文化所同化？我认为，说到底与以下三个因素紧密相关。

一是中国文化具有集纳意义，尤其是儒家思想的核心价值——"仁义礼智信"，包含了自强的力量、兼容的气度和通达的智慧等特点，适用于世界各民族。正是因为中国文化中的核心价值具有集纳意义，异族文化只能被中国文化所同化。

二是中国文化包容大度，博采众长，具有以"我"为主，为"我"所用的特质。正如罗素在《中国问题》中指出的：中国人"对于西方的坏东西——兽性、不安、欺压者和纯物质贪欲，他们都心如明镜，不愿接受。而对于那些优点，尤其是科学，则照单全收"。正是这种文化特质，使得中国文化不可能被西方等文化所同化。

三是中国人民长期形成的文化认同感。中国是多民族国家，各民族文化不尽相同，但各族人民对中国传统文化特别是儒家文化有着很强的认同感。这种强烈的认同感使各民族在长期历史发展进程中紧紧凝聚在一起，是中华民族的共同精神家园。有了这种精神家园，外来文化自然容易被同化。

二、用"公共思想"取代旧时的家族化观念

在罗素眼中，中国的文化或文明是非常优秀的，而且许多方面优于西方文化或西方文明。他指出："中国人和人谈话注重理解别人的意思而不是改变或干涉他人言论……中国人善于体恤，你可以发现他们在人际交往中也是如此。""中国人虽然人口众多、资源丰富，但却不会对外国造成威胁。""中国人不像白人那样，喜欢虐待其他人种。""中国人天生宽容而友爱、以礼待人，希望别人也投桃报李。他们所追求的只是自由，而不是支配。""中国人，从上层社会到底层百姓，都有一种冷静安详的尊严，即使接受了欧洲的教育也不会毁掉。"

诚然，中国文化的优点远不止这些，但作为 90 年前的西方知识分子，能看到这些确实难能可贵。当然，罗素也指出了中国文化中的不足之处。比如缺乏效率和科学技术思想意识，伦理中的孝道和族权观念有负面作用等。罗素认为："正因为重视进步和效率，我们（西方）变得富强了，而中国人正是忽视进步和效率，从总体上看，直到我

们骚扰他们之前，还保持着国泰民安。""中国文化中有个弱点：缺乏科学。""中西方的知识分子的差别就在于科学的思想。"在伦理道德方面，罗素认为："孝道和族权或许是孔子伦理中最大的弱点，孔子伦理中与常理相去甚远的也就在于此。家族意识会削弱人的公共精神，赋予长者过多的权力会导致旧势力的肆虐。当今中国迫切需要新眼光、新思维，但儒家的族权观念却处处设障。""中国人的伦理历来不注重公共事务，而家族观念却很重。当官的必须供养他的亲属，如果要为官清廉，肯定要放弃孝道。这就是问题的根源所在。所以，中国要进步，家族制度必须打破。"

不重视科学技术、不重视进取和效率的确影响了国强民富。好在新中国成立后，扭转了上述观念。"科学技术与国家命运息息相关"已成为非常明确的国家意志。在强烈的科技意识推动下，中国对科技的投资平均每年增长 22% 以上，研究人员平均每年增长 12%，高科技企业和研究机构等集约型巨大产业集群也在摸索中逐步形成；改革开放以来，中国人的竞争和效率意识极大增强，我国的国际地位和人民生活水平因此得到迅速提高。

罗素提出的族权意识会削弱人的公共精神的观点很有道理。在中国，一种普遍的现象是人们往往对宗族中人乃至远亲近邻或许有极大好感，对子女呵护备至甚至包办一切，而对"外人"则表现得很冷漠。罗素关于"要用公共思想取代旧时的家族化观念。经营私人事业时的诚实美德要转到国家事业上来"这句话至今仍有参考价值。不过，罗素关于孝道会导致受贿腐败一说，我不敢苟同。以尊重长辈、孝敬父母为重要内容的孝文化，是中国优秀传统文化的重要组成部分。事实上，在中国传统文化中，孝与廉并不冲突，同为十德之一，因孝则腐非"孝"也。中国以孝廉为美，利于家庭和睦、国家治理和社会稳定，理应坚持。

三、学习西方文化中完善的信用制度体系

作为西方著名的哲学家、思想家，罗素对西方文化的不足之处也看得十分清楚。"美国人一直以传教士自居，但他们传播的不是基督教（尽管他们自认为是）而是美国主义。"对西方文化虚伪性的一面，罗素揭露得可谓淋漓尽致，特别是他对于西方列强侵略中国的实事求是批判立场，体现了知识分子可贵的道德良心。

罗素先生分析了西方文化中"虚伪"的一面，但却没有论及西方重视诚信，用契约精神和法律制度维护的诚信是构成市场经济的基石这一点，实属遗憾。诚信是人类文明的基石和社会互动的桥梁，也是人们成功的基础和前提。诚信文化、契约精神和法律制度催生了西方市场经济中较为完善的信用制度体系。回顾中国市场经济的发育过程，诚信的缺乏是最大的问题，它影响了商人的信誉，使伪劣商品盛行，严

重影响我国市场经济的可持续发展。当前社会信用的缺失，既丢弃了我国传统文化中的诚信美德，又失却了几代中国共产党人讲诚信赢得世界人民支持的风范，也忘记了市场经济中诚信、法制的应有之义。因此，在分析西方文化虚伪性的同时，我们也要看到值得重视和学习之处，如契约精神、诚信意识等。

四、发挥中国传统文化特有民族意识的功能

罗素认为："中国人如果对我们的文明扬善弃恶，再结合自己的传统文化，必将取得辉煌的成就。但在这个过程中要避免两个极端的危险。第一，全盘西化，抛弃有别于他国的传统……第二，在抵制外国侵略过程中，形成拒绝任何西方文明的强烈排外的保守主义。"值得注意的是，在中西文化交流中，罗素再三强调中国继承传统文化的重要性。他告诫说："中国文明如果完全屈从于西方文明将是人类文明史的悲哀。"

罗素关于中西方文化交流的观点，在 90 年后的今天来看，仍不乏闪光之处，甚至预见到了今天的社会状况。在文化开放交流的大潮中，我们首先要继承优秀的中华文化传统，如贵和持中的和谐思想，求真务实的思想品格，自强不息的进取精神，追求完善道德修养的文化追求等。同时要充分发挥中国传统文化特有民族意识的教化功能，民族智慧的启迪

功能，民族行为的规范功能，中华民族心理的支撑功能等。在此基础上，吸收借鉴西方文化精华为我所用。值得注意的是，西方利用已有文化软实力资源不断对中国进行"妖魔化"渲染，以此限制中国的发展，我们在文化交流中务必提高警惕。

五、建立现代、民族、大众的中国文化

文化的勃兴乃中国未来之基。作为伟大的思想家，罗素从中国文化的视角乃至站在全球文化发展的高度，指出"由中国的现状所提出的问题通常有三类：政治的、经济的以及文化的。其中的任何一类问题都不能孤立地来理解，因为每一类都与其余两类有着密切的内在联系。我认为文化问题无论对中国还是对整个人类都是最为重要的，因此，对于任何以此为旨归的、能解决文化问题的政治、经济体系我都能安之若素"。党的十八大报告提出："实现中华民族伟大复兴，必须推动社会主义文化大发展大繁荣。"**伟大的复兴需要伟大的文化，中华民族的伟大复兴，不仅是经济的腾飞，更重要的是古老文明重新焕发生机，以新的姿态和形式走向世界。**

我们要建立的现代中国文化，既是民族的、大众的，也是面向世界、面向未来的。在确立中华文化主体性的基础上，以开放的心态，平静而理性地面对西方文明给我们带来的冲击，尊重和接受世界优秀文化。挖掘、弘扬中国传统文化的

当代价值，促进传统文化向现代文化的创造性转化，将传统的文化资源转化成中国现实的软实力，在进一步与世界的融合中，不断增进中国的文化认同。通过国家文化主权，逐渐扩展中国文化的对外影响，提升中国文化在世界文化价值体系的主导的地位，实现中华民族的伟大复兴。

道路之独立乃中国未来之源。作为西方思想家，罗素看透了西方列强对华关系的实质，为我们深入分析了西方文化的虚伪性。罗素当时还预测："中国物产丰富、人口众多，完全能一跃而成为仅次于美国的世界强国。"这一预测到今天已经基本成为现实。

100多年的屈辱史告诉我们，照搬西方的那一套在中国是站不住、行不通的，只有社会主义才能救中国。改革开放以来的发展充分证明，中国特色社会主义道路是复兴之路、富强之路、幸福之路，是实现社会主义现代化、创造人民美好生活的必由之路。

90年后看《中国问题》中有关中国文化和中国未来的观点，我们坚信，随着中国特色社会主义文化大发展大繁荣，中华文明的伟大复兴必将实现！

> 在发现传统中推动民族文化的创造

在绵延千古的历史长河中，中华民族的祖先以无与伦比的智慧和卓越的创造精神，在农学、医学、天文、历法、地学、数学、运筹学、工艺学、水利学、灾害学等领域，留下了灿若星辰的科学技术成果，它们与中国传统学术文化中的文、史、哲、经等人文学科共同构筑了璀璨的华夏文明。习近平总书记多次强调中华优秀传统文化是我国最深厚的文化软实力，要重视中华传统文化研究，深入挖掘和阐发中华优秀传统文化。海天出版社推出的由孙关龙、宋正海、刘长林主编的《自然国学丛书》，以全新角度介绍普及中国古代科学技术知识，为当代科技创新和文化发展提供了新资源、新思路，意义深远，值得关注。

"学然后知不足"

中国传统文化源远流长、博大精深，无论是儒、释、道三家，文、史、哲三科，天、地、人三学等人文科学，还是在农业、医疗、数学、地理等自然科学领域，皆成果斐然。然而这些浩如烟海的中国传统文化精髓中，仍有许多领域的成果不为世人熟知，或者知其然而不知其所以然，特别对于自然科技方面。《自然国学丛书》作为一套普及型的学术研究专著，对千百年的中国自然科技史，从萌芽到形成气候，到发展壮大达到高峰，到衰落，到复兴，做了系统精微的梳理，全面呈现了中国自然科技所创造的历时千年、独具魅力的辉煌业绩。如《中国传统文化的瑰宝——自然国学》总结中国传统学术文化的产生和演进历程，对中国文化史的分期提出了富有创见的四阶段说，第一次论证了晚明六大科学著作是中国乃至人类古典时期的高峰，为我国自然国学的进一步发展奠定理论基础。

所谓"不学诗无以言"，阅读《自然国学丛书》，了解庄子"有用之用"和"无用之用"的生态智慧主张，了解古老中国的"和实生物"发展观，了解中国古代的二十八星宿、二十四节气，了解文化丝绸以重建丝绸之路的辉煌等，领略中华民族智慧的深邃广袤，通晓中国传统文化的灿烂瑰丽。"学然后知不足"，面对浩瀚如海的中华文明积淀，面对中国传统文化那幽深难尽的内蕴与奥妙，让人心生敬畏，以敬惜、感恩之心传承发扬中华祖先宝贵的文化遗产。

"科学在中国，古已有之"

百余年来，中外学界对中国传统学术文化中的政治观、思想观、文学观、历史观、伦理观、经济观、社会观等进行了大量系统的研究，著作不计其数，并成就了当前社会上的

"国学热"。但是，对中国传统学术文化中的自然观、科学观、技术观等，缺乏全面系统的研究，著作凤毛麟角，有学者甚至断定"中国古代没有科学"，认为中国人自古以来缺乏创新精神。《自然国学丛书》旗帜鲜明地张扬中国传统自然科学，以丰富的典籍史料力证中国传统科技的兴盛与繁荣。如《和实生物，同则不继》对东方和西方的发展观进行了创新性比较研究，以大量事实证明两千多年前古老中国的"和实生物"发展观，显著优于西方的"优胜劣汰"发展观；又如《移天缩地到君怀——圆明园文化透视》首次对圆明园四十景观的规划思想和文化意象进行系统梳理和阐述，解读出传统文化的时空意识和宇宙观；解读出儒、道、佛三者交融的精神文化；解读出"农心立人，耕读立行"的传统耕读文化，展现出了圆明园作为"宇宙和天下的蓝图"的"东方梦幻"艺术的代表和最高典范。

回顾历史，中国古代科学技术，从六七千年前的世界四分天下有其一，到两三千年前占世界半壁江山，到一千多年前在世界上一枝独秀，在近三五百年前仍是独领风骚，可以说一直走在世界前列。正如英国著名科学史家李约瑟在其《中国科学技术史》中所说："（中国人）在许多重要方面有一些科学技术的发展，走在那些创造出著名的希腊奇迹的传奇式人物的前面，和拥有古代西方世界全部文化财富的阿拉伯人并驾齐驱，并在公元 3 世纪到 13 世纪之间保持一个西方所望尘莫及的科学知识水平。"《自然国学丛书》的出版阐释了中国古代不仅有科学，且在数千年的农业文明中领先世界，是坚守和复兴中国传统文化的重要成果。

"人文为底，科学为用"

在早期漫长的人类历史中，科技与人文两者相互融合，密不可分。从先秦诸子《论语》《中庸》的学、问、思、辨、行，《大学》的格物致知，《孟子》的民本和求故，《老子》的道法自然，到明清的实学，中国传统人文的世界观和方法论给中国古代科技提供了丰富的养分，促进了农、医、天、算等科学体系的形成发展及以"四大发明"为标志的技术成就的产生。早在1788年，康德也在其《实践理性批判》中指出："有两种东西，越是经常而持久地对它们进行反复思考，它们在我心中唤起的赞叹和敬畏就会越历久弥新，那就是：头上的星空和内心的道德法则。"康德所谓的两种东西即自然律和道德律，它们分别构成了科技和人文所把握的内容。纵观整个科技和文化的起源和发展史，人文精神传统使科学充满生机，科学为人性赋予新的含义。

《自然国学丛书》遵循"中国传统科技与中国文化相互交融"的规律，着重从中国传统文化的角度解读科技器物选题，同时又注重从中国传统科技的角度解析观念理论类选题，将科技与人文有机结合。如《苏轼自然观》《朱熹自然观》《董仲舒自然观》《张载的自然观》《诸葛亮的科技人生》等著作都是第一次以全新视角，深入挖掘和系统总结了这些中国历史著名学者的人文学成就之外的卓越的自然观成就和工艺技术成就。

科技思想和科技制造的发展为人们提供了认识和改造世界的工具，将人们从蒙昧的状态中解放出来，科技发展带来的物质生活的丰富和自我独立意识的觉醒，是人文科学发展必不可少的重要条件；同时人文是科技发展的出发点和落脚点，只有在科技思想和科技创造中注重人文关怀，才能实现科技创造造福人类的最终目的。因此，科技与人文融合统一的发展观，不仅局限于当代人类发展的眼前利益，更是着眼于千秋万代的人类长远发展。研习《自然国学丛书》，探寻传统科技中所包含的人文理念，同时又在传统人文中发现科学的力量，用科学战胜愚昧，用高尚人文情怀摒弃浮躁与欲望，从固有传统和文化中筑造中华民族共有的精神家园。

文明是流动的、开放的。希望通过《自然国学丛书》，将富有永恒魅力、具有当代价值的优秀文化精神弘扬起来、传播出去，让科学变成我们的生活方式，让人文变成我们的价值追求。

> 让内心强大

"青春读书课"系列丛书，是海天出版社推出的较为难得的成长教育系列读本，由深圳市育才中学语文教师严凌君先生主编、导读，前后增删多次，历时 10 年完成。诚如哲学家雅斯贝尔斯所言："教育意味着，一棵树摇动另一棵树，一朵云推动另一朵云，一个灵魂唤醒另一个灵魂。"此书将人类历史、科学观念、人文思辨与文学审美融为一体，内容丰富而整全，用文学和文化经典养育当代人高尚的人文情怀，品质高雅而亲切。

从"青春之歌"到"人生之曲"

青春是人类永恒的主题，它意味着成长的无限可能。成长面临着诸多困惑，"青春读书课"巧妙地将古今中外的经典名篇与青春成长主题相结合，几乎涵盖了人的一生所必须理解和掌握的人生基本道理。人生亦是一个不断成长的过程，迈开双腿一步步前行之余，须铭记头顶的天空。"我们有仰望天空的权利，更需要仰望天空的意识。人类所创造的一切文化财富也是我们中国人理应享有的财富，我们每一个人都有资格让自己配得上世界上最尊贵的事物"。"青春读书课"

更在宣扬一种诗意的生活："人类发展的终极追求是诗意地栖居在大地上，体验诗意生活，让自己的内心强大、温暖。当我们知道了文化的好，才敢于创造生活的好，才有机会开辟一个好的人生、建设一个好的社会。"这是一套青春读书课，更是一套人生读书课。无怪乎，莫言会说："假如三十五年前我能读到这样一套书，我不会是现在这个样子。现在我读了这套书，依然感到内心深处发生了一些微妙的变化。"

"青春读书课"倡导为健全的青春和丰富的人生而有效阅读，在阅读好书中构建自己的精神家园。孟子曰："我善养吾浩然之气。"精神家园不仅是一个形而上的理念，更是人安身立命之处，若将正能量填充于其间，眉宇间充满的便是浩然之气。浩然之气充满社会，社会就会更加正大光明。青春读书课是一门教人思想自由、让人心灵放飞的人生课程，是对人生的灵魂洗礼，是对青春生命的精神救赎，更是对社会正气的一种培育。

"青春读书课"兼具理性的构架和感性的导读，将人生道理讲得有血有肉，没有强迫教化的色彩，拥有润物细无声的阅读效果，可读性强，有强大的感染力。

"为什么读经典"

"青春读书课"以古今中外的经典文本为材料，以青少年成长中必然会遭遇的人生主题为线索，遵循青春期阅读接受心理规律，建构起一座人文经典的大厦，在年轻一代心中播下思想和诗意的种子。卡尔维诺认为："每一次重读经典，就像初次阅读一般，是一次发现的航行。"经典的作品是在时光的筛选中流传下来的人类智慧的结晶，值得反复阅读，不断咀嚼。

阅读经典可以帮助我们回溯过去，重温人类的心路历程，感受前人的智慧。站在大师的肩膀上来观察世界，形成对现实辩证的理解，然后我们才有勇气面对未来。因而，读名著不是为了增加一点知识，而是一代又一代人生存的必修课。一个人在青春期拥有丰富的文化资源，才可能有包容的心态，对生活有更多的理想和追求，这样养育出来的一代代人，才可以使我们对未来抱有希望。

"青春读书课"提炼出 7 大主题：成长、心智、文学、中国、思想、文化、诗意。涉及生活与文化的方方面面。严凌君强调这套书的选文原则："我个人是从构建青年学子的精神家园、关注国家的前途、未来的命运方面来定位的，而不是简单地看文章是不是漂亮。"这种"大文化观念"使选文突出了跨越时间和地域的包容性，从古希腊伯里克利、古罗马奥勒留到启蒙运动的卢梭和现代的卡夫卡；从《旧约·创世纪》到科学伟人爱因斯坦的《物理学的进化》。全新的主题，丰饶的书魂，直接撞击青年学子的思想和心灵，这应该是一种较为理想的教育境界。

"文学的祝福"

纵观古今，文学作品以其动人的故事，抓住读者的视线，凭借其丰沛的情感，不断敲击着心灵的大门。子曰："小子何莫学乎诗？诗可以兴，可以观，可以群，可以怨。迩之事父，远之事君；多识于鸟兽草木之名。"远在两千年前，孔子便认识到文学的作用。"青春读书课"所选取的文章多为文学作品，这不仅是出于对文学功用的考量，更是编者对真善美的一种呼唤。

"青春读书课"以文学之美，诠释大爱教育，赋予人们精神的光明和心灵的温暖，从而获得人生的力量和底气。"从喜爱自己起步，逐渐扩大能量，学会爱他人、爱文化、爱家国天下""我们要知道中华民族文化的好处，才可以高高兴兴做一个中国人"。因而，"青春读书课"实质上是对真善美的一种提倡，更是对提升"正能量"的一种期许。

"青春读书课"的意义，已不仅是一套人文读本，对许多人来说，意味着教育领域从思维到模式的巨大改变。它打破条条框框，从不同的侧面定义语文，强调思想的丰富和宽容、文化的深厚与博大，以读书无疆界、思想无禁区的全球视野，浓缩人类文化精华，构建一个培养学生心智成长和人生发展的系统阅读工程。"青春读书课"对于青春期的学子，是滋养一生的心智读本。对于公众，这种文化深厚和内涵丰富的选本，也是可以伴随一生的良师益友。

> ## 学派的魅力

学派的星空

在世界学术思想史上，曾经出现过浩如繁星的学派，它们的光芒都不同程度地照亮人类思想的天空，像米利都学派、弗莱堡学派、法兰克福学派等，其人格精神、道德风范一直为后世所景仰，其学识与思想一直成为引以为据的经典。就中国学术史而言，不断崛起的学派连绵而成群山之势，并标志着不同时代的思想所能达到的高度。自晚明至晚清，是中国学术尤为昌盛的时代，而正是在这个时代，学派性的存在也尤为活跃，像陆王学派、吴学、皖学、扬州学派等。但是，学派辈出的时期还应该首推古希腊时期和春秋战国时期。古希腊时期出现的主要学派就有米利都学派、毕达哥拉斯学派、埃利亚学派、犬儒学派；而儒家学派、黄老学派、法家学派、墨家学派、稷下学派等，则是春秋战国时期学派鼎盛的表现，百家之中几乎每家就是一个学派。

综观世界学术思想史，学派一般都具有如下的特征：
其一，有核心的代表人物，以及围绕着这些核心人物所形成的特定时空的学术思想群体。德国 19 世纪著名的历史学家兰克既是影响深远的兰克学派的创立者，也是该学派的精神领袖，他在柏林大学任教期间培养了大量的杰出学者，形成了声势浩大的学术势力，兰克本人也一度被尊为欧洲史学界的泰斗。

其二，拥有近似的学术精神与信仰，在此基础上形成某种特定的学术风气。清代的吴学、皖学、扬学等乾嘉诸派学术，以考据为治学方法，继承古文经学的训诂方法而加以条理发明，用于古籍整理和语言文字研究，以客观求证、科学求真为旨归，这一学术风气也因此成为清代朴学最为基本的精神特征。

其三，由学术精神衍生出相应的学术方法，给人们提供了观照世界的新的视野和新的认知可能。产生于20世纪60年代、代表着一种新型文化研究范式的英国伯明翰学派，对当代文化、边缘文化、青年亚文化的关注，尤其是对影视、广告、报刊等大众文化的有力分析，对意识形态、阶级、种族、性别等关键词的深入阐释，无不为我们认识瞬息万变的世界提供了丰富的分析手段与观照角度。

其四，由上述三点所产生的经典理论文献，体现其核心主张的著作是一个学派所必需的构成因素。作为精神分析学派的创始人，弗洛伊德所写的《梦的解析》等，不仅成为精神分析理论的经典著作，而且影响广泛并波及人文社科研究的众多领域。

其五，学派一般都有一定的依托空间，或是某个地域，或是像大学这样的研究机构，甚至是有着自身学术传统的家族。

学派的历史呈现出交替嬗变的特征，形成了自身发展规律：

其一，学派出现往往暗合了一定时代的历史语境及其"要求"，其学术思想主张因而也具有非常明显的时代性特征。一旦历史条件发生变化，学派的内部分化甚至衰落将不可避免，尽管其思想遗产的影响还会存在相当长的时间。

其二，学派的出现与不同学术群体的争论、抗衡及其所形成的思想张力紧密相关，他们之间的"势力"此消彼长，共同勾勒出人类思想史波澜壮阔的画面。某一学派在某一历史时段"得势"，完全可能导致在另一历史时段"失势"。各领风骚若干年，既是学派本身的宿命，也是人类思想史发展的"大幸"：只有新的学派不断涌现，人类思想才会不断获得更为丰富、多元的发展。

其三，某一学派的形成，其思想主张都不是空穴来风，而有其内在理路。例如，宋明时期陆王心学的出现是对程朱理学的反动，但其思想来源却正是前者；清代乾嘉学派主张朴学，是为了反对陆王心学的空疏无物，但因此也建立了内在关联。古希腊思想作为欧洲思想发展的源头，使后来西方思想史的演进，几乎都可看作是对它的解释与演绎，"西方哲学史都是对柏拉图思想的演绎"的极端说法，却也说出了部分的真实。

其四，强调内在理路，并不意味着对学派出现的外部条件重要性的否定，恰恰相反，外部条件有时对于学派的出现是至关重要的。政治的开明、社会经济的发展、科学技术的进步、交通的发达、移民的汇聚等，都是促成学派产生的重要因素。名震一时的扬州学派，就直接得益于富甲一方的扬州经济与悠久而发达的文化传统。综观中国学派出现最多的明清时期，无论是程朱理学、陆王心学，还是清代的吴学、皖学、扬州学派、浙东学派，无一例外都是地处江南（尤其是江浙地区）的经济、文化、交通异常发达之地，构成了学术流派得以出现的外部环境。

学派有大小之分，一些大学派又分为许多派别。学派影响越大分支也就越多，使得派中有派，形成一个学派内部、学派之间相互切磋与抗衡的学术群落，这可以说是纷纭繁复的学派现象中一个基本特点。尽管学派有大小之分，但在人类文明进程中发挥的作用却各不相同，有积极作用，也有负面作用。如，法国百科全书派破除中世纪以来的宗教迷信和教会黑暗势力的统治，成为启蒙主义的前沿阵地与坚强堡垒；罗马俱乐部提出的"增长的极限""零增长"等理论，对后来的可持续发展、协调发展、绿色发展等理论与实践，以及联合国通过的一些决议，都产生了积极影响；而德国人文地理学家弗里德里希·拉采尔所创立的人类地理学理论，宣称国家为了生存必须不断扩充地域、争夺生存空间，后来为法西斯主义所利用，起了相当大的消极作用。

学派的出现与繁荣，预示着一个国家进入思想活跃的文化大发展时期。被司马迁盛赞为"盛处士之游，壮学者之居"的稷下学宫，之所以能成为著名的稷下学派之诞生地、战国时期百家争鸣的主要场所与最负盛名的文化中心，重要原因就是众多学术流派都活跃在稷门之下，各自的理论背景和学术主张尽管各有不同，却相映成趣，从而造就了稷下学派思想多元化的格局。这种"百氏争鸣、九流并列、各尊所闻、各行所知"的包容、宽松、自由的学术气氛，不仅推动了社会文化的进步，而且也引发了后世学者争论不休的话题，中国古代思想在这里得到了极大发展，迎来了中国思想文化史上的黄金时代。而从秦朝的"焚书坑儒"到汉代的"独尊儒术"，百家争鸣局面便不复存在，思想禁锢必然导致学派衰落，国家文化发展也必将受到极大的制约与影响。

深圳的追求

在中国打破思想的禁锢和改革开放 30 多年这样的历史背景下，随着中国经济的高速发展以及在国际上的和平崛起，中华民族伟大复兴的中国梦正在进行。文化是立国之根本，伟大的复兴需要伟大的文化。树立高度的文化自觉，促进文化大发展大繁荣，加快建设文化强国，中华文化的伟大复兴梦想正在逐步实现。可以预期的是，中国的学术文化走向进一步繁荣的过程中，具有中国特色的学派也将出现在世界学术文化的舞台上。

从 20 世纪 70 年代末真理标准问题的大讨论，到人生观、文化观的大讨论，再到 90 年代以来的人文精神大讨论，以及近年来各种思潮的争论，凡此种种新思想、新文化，已然展现出这个时代在百家争鸣中的思想解放历程。在与日俱新的文化转型中，探索与矫正的交替进行和反复推进，使学风日盛、文化昌明，在很多学科领域都出现了彼此论争和公开对话，促成各有特色的学术阵营的形成与发展。

一个文化强国的崛起离不开学术文化建设，一座高品位文化城市的打造同样也离不开学术文化发展。**学术文化是一座城市最内在的精神生活，是城市智慧的积淀，是城市理性发展的向导，是文化创造力的基础和源泉**。学术是不是昌明和发达，决定了城市的定位、影响力和辐射力，甚至决定了城市的发展走向和后劲。**城市因文化而有内涵，文化因学术而有品位，学术文化已成为现代城市智慧、思想和精神高度的标志和"灯塔"**。

凡工商发达之地，必文化兴盛之邦。深圳作为我国改革开放的"窗口"和"排头兵"，是一个商业极为发达、市场化程度很高的城市，移民社会特征突出、创新包容氛围浓厚、民主平等思想活跃、信息交流的"桥头堡"地位明显，是具有形成学派可能性的地区之一。在创造工业化、城市化、现代化发展奇迹的同时，深圳也创造了文化跨越式发展的奇迹。

文化的发展既引领着深圳的改革开放和现代化进程,激励着特区建设者艰苦创业,也丰富了广大市民的生活,提升了城市品位。

如果说之前的城市文化还处于自发性的积累期,那么进入新世纪以来,深圳文化发展则日益进入文化自觉的新阶段:创新文化发展理念,实施"文化立市"战略,推动"文化强市"建设,提升文化软实力,争当全国文化改革发展"领头羊"。自2003年以来,深圳文化发展亮点纷呈、硕果累累:荣获联合国教科文组织"设计之都""全球全民阅读典范城市"称号,原创大型合唱交响乐《人文颂》在联合国教科文组织巴黎总部成功演出,被国际知识界评为"杰出的发展中的知识城市",三次荣获"全国文明城市"称号,四次被评为"全国文化体制改革先进地区","深圳十大观念"影响全国,《走向复兴》《我们的信念》《中国之梦》《迎风飘扬的旗》《命运》等精品走向全国,深圳读书月、市民文化大讲堂、关爱行动、创意十二月等品牌引导市民追求真善美,图书馆之城、钢琴之城、设计之都等"两城一都"高品位文化城市正成为现实。

城市的最终意义在于文化。在特区发展中,"文化"的地位正发生着巨大而悄然的变化。这种变化首先还不在于大批文化设施的兴建、各类文化活动的开展与文化消费市场的繁荣,而在于整个城市文化地理和文化态度的改变,城市发展思路由"经济深圳"向"文化深圳"转变。这一切都源于文化自觉意识的逐渐苏醒与复活。文化自觉意味着文化上的成熟，未来深圳的发展，将因文化自觉意识的强化而获得新的发展路径与可能。

与国内外一些城市比起来，历史文化底蕴不够深厚、文化生态不够完善等仍是深圳文化发展中的弱点，特别是学术文化的滞后。近年来，深圳在学术文化上的反思与追求，从另一个层面构成了文化自觉的逻辑起点与外在表征。显然，文化自觉是学术反思的扩展与深化，从学术反思到文化自觉，再到文化自信、自强，无疑是文化主体意识不断深化乃至确立的过程。这对于一个国家和一座城市的文化发展皆是如此。

从世界范围看，伦敦、巴黎、纽约等先进城市不仅云集大师级的学术人才，而且有活跃的学术机构、富有影响的学术成果和浓烈的学术氛围，正是学术文化的繁盛才使它们成为世界性文化中心。可以说，学术文化发达与否，是国际化城市不可或缺的指标，并将最终决定一个城市在全球化浪潮中的文化地位。城市发展必须在学术文化层面有所积累和突破，否则就缺少根基，缺少理念层面的影响，缺少自我反省的能力，就不会有强大的辐射力，即使有一定的辐射力，其影响也只是停留于表面。强大的学术文化，将最终确立一种文化类型的主导地位和城市的文化声誉。

近年来，深圳在实施"文化立市"战略、建设"文化强市"过程中鲜明提出：大力倡导和建设创新型、智慧型、力量型城市主流文化，并将其作为城市精神的主轴以及未来文化发展的明确导向和基本定位。其中，智慧型城市文化就是以追求知识和理性为旨归，人文气息浓郁，学术文化繁荣，智慧产出能力较强，学习型、知识型城市建设成效卓著。深圳要建成有国际影响力的智慧之城，提高文化软实力，学术文化建设是其最坚硬的内核。

经过 30 多年的积累，深圳学术文化建设初具气象，一批重要学科确立，大批学术成果问世，众多学科带头人涌现。在中国特色社会主义理论、经济特区研究、港澳台经济、文化发展、城市化等研究领域产生了一定影响；学术文化氛围已然形成，在国内较早创办以城市命名的"深圳学术年会"，举办了"世界知识城市峰会"等一系列理论研讨会。尤其是《深圳十大观念》等著作的出版，更是对城市人文精神的高度总结和提升，彰显和深化了深圳学术文化和理论创新的价值意义。

而"深圳学派"的鲜明提出，更是寄托了深圳学人的学术理想和学术追求。1996 年最早提出"深圳学派"的构想；2010 年《深圳市委市政府关于全面提升文化软实力的意见》将"推动'深圳学派'建设"载入官方文件；2012 年《关于深入实施文化立市战略建设文化强市的决定》明确提出"积极打造'深圳学派'"；2013 年出台实施《"深圳学派"建设推进方案》。一个开风气之先、引领思想潮流的"深圳学派"正在酝酿、构建之中，学术文化的春天正向这座城市走来。

"深圳学派"概念的提出，是中华文化伟大复兴和深圳高质量发展的重要组成部分。树起这面旗帜，目的是激励深圳学人为自己的学术梦想而努力，昭示这座城市尊重学人、尊重学术创作的成果、尊重所有的文化创意。这是深圳 30 多年发展文化自觉和文化自信的表现，更是深圳文化流动的结果。因为只有各种文化充分流动碰撞，形成争鸣局面，才能形成丰富的思想土壤，为"深圳学派"形成创造条件。

深圳学派的宗旨

构建"深圳学派"，表明深圳不甘于成为一般性城市，也不甘于仅在世俗文化层面上做大影响，而是要面向未来中华文明复兴的伟大理想，提升对中国文化转型的理论阐释能力。"深圳学派"从名称上看，是地域性的，体现城市个性和地缘特征；从内涵上看，是问题性的，反映深圳在前沿探索中遇到的主要问题；从来源上看，"深圳学派"没有明确的师承关系，易形成兼容并蓄、开放择优的学术风格。因而，"深圳学派"建设的宗旨是"全球视野，民族立场，时代精神，深圳表达"。它浓缩了深圳学术文化建设的时空定位，反映了对学界自身经纬坐标的全面审视和深入理解，体现了城市学术文化建设的总体要求和基本特色。

一是"全球视野"。反映了文化流动、文化选择的内在要求，体现了深圳学术文化的开放、流动、包容特色。它强调要树立世界眼光，尊重学术文化发展内在规律，贯彻学术文化转型、流动与选择辩证统一的内在要求，坚持"走出去"与"请进来"相结合，推动深圳与国内外先进学术文化不断交流、碰撞、融合，保持旺盛活力，构建开放、包容、创新的深圳学术文化。

文化的生命力在于流动，任何兴旺发达的城市和地区一定是流动文化最活跃、最激烈碰撞的地区，而没有流动文化或流动文化很少光顾的地区，一定是落后的地区。文化的流动不断催生着文化的分解和融合，推动着文化新旧形式的转换。在文化探索过程中，唯一需要坚持的就是敞开眼界、兼容并蓄、海纳百川，尊重不同文化的存在和发展，推动多元文化的融合发展。中国近现代史的经验反复证明，闭关锁国的文化是窒息的文化，对外开放的文化才是充满生机活力的文化。

学术文化也是如此，只有体现"全球视野"，才能融入全球思想和话语体系。因此，"深圳学派"的研究对象不是局限于一国、一城、一地，而是在全球化背景下，密切关注国际学术前沿问题，并把中国尤其是深圳的改革发展置于人类社会变革和文化变迁的大背景下加以研究，具有宽广的国际视野和鲜明的民族特色，体现开放性甚至是国际化特色，也融合跨学科的交叉和开放。

二是"民族立场"。反映了深圳学术文化的代表性，体现了深圳在国家战略中的重要地位。它强调要从国家和民族未来发展的战略出发，树立深圳维护国家和民族文化主权的高度责任感、使命感、紧迫感。加快发展和繁荣学术文化，尽快使深圳在学术文化领域跻身全球先进城市行列，早日占领学术文化制高点，推动国家民族文化昌盛，助力中华民族早日实现伟大复兴。

任何一个大国的崛起，不仅伴随经济的强盛，而且伴随文化的昌盛。文化昌盛的一个核心就是学术思想的精彩绽放。学术的制高点，是民族尊严的标杆，是国家文化主权的脊梁骨；只有占领学术制高点，才能有效抵抗文化霸权。当前，中国的和平崛起已成为世界的最热门话题，中国已经成为世界第二大经济体，发展速度让世界刮目相看。但我们必须清醒地看到，在学术上，我们还远未进入世界前列，特别是还没有实现与第二大经济体相称的世界文化强国的地位。这样的学术境地不禁使我们扪心自问，如果思想学术得不到世界仰慕，中华民族何以实现伟大复兴？在这个意义上，深圳和全国其他地方一样，学术都是短板，与经济社会发展不相匹配。而深圳作为排头兵，肩负了为国家、为民族文化发展探路的光荣使命，尤感责任重大。深圳的学术立场不能仅限于一隅，而应站在全国、全民族的高度。

三是"时代精神"。反映了深圳学术文化的基本品格，体现了深圳学术发展的主要优势。它强调要发扬深圳一贯的"敢为天下先"的精神，突出创新性，强化学术攻关意识，按照解放思想、实事求是、求真务实、开拓创新的总要求，着眼人类发展重大前沿问题，特别是重大战略问题、复杂问题、疑难问题，着力创造学术文化新成果，以新思想、新观点、新理论、新方法、新体系引领时代学术文化思潮。

党的十八大提出了完整的社会主义核心价值观，这是当今中国时代精神的最权威、最凝练表达，是中华民族走向复兴的兴国之魂，是中国梦的核心和鲜明底色，也应该成为"深圳学派"进行研究和探索的价值准则和奋斗方向。其所熔铸的中华民族生生不息的家国情怀，无数仁人志士为之奋斗的伟大目标和每个中国人对幸福生活的向往，是"深圳学派"的思想之源和动力之源。创新，是时代精神的集中表现，也是深圳这座先锋城市的第一标志。深圳的文化创新包含了观念创新，利用移民城市的优势，激发思想的力量，产生了一批引领时代发展的深圳观念；手段创新，通过技术手段创新文化发展模式，形成了"文化＋科技""文化＋金融""文化＋旅游""文化＋创意"等新型文化业态；内容创新，以"内容为王"提升文化产品和服务的价值，诞生了华强文化科技、腾讯、华侨城等一大批具有强大生命力的文化企业，形成了读书月等一大批文化品牌；制度创新，充分发挥市场的作用，不断创新体制机制，激发全社会的文化创造活力，从根本上提升城市文化的竞争力。"深圳学派"建设也应体现出强烈的时代精神，在学术课题、学术群体、学术资源、学术机制、学术环境方面迸发出崇尚创新、提倡包容、敢于担当的活力。"深圳学派"需要阐述和回答的是中国改革发展的现实问题，要为改革开放的伟大实践立论、立言，对时代发展做出富有特色的理论阐述。它以弘扬和表达时代精神为己任，以理论创新为基本追求，有着明确的文化理念和价值追求，不局限于某一学科领域的考据和论证，而要充分发挥深圳创新文化的客观优势，多视角、多维度、全方位地研究改革发展的现实问题。

四是"深圳表达"。反映了深圳学术文化的个性和原创性，体现了深圳使命的文化担当。它强调关注现实需要和问题，立足深圳实际，着眼思想解放、提倡学术争鸣，注重学术个性、鼓励学术原创，不追求完美、不避讳瑕疵，敢于并善于用深圳视角研究重大前沿问题，用深圳话语表达原创性学术思想，用深圳体系发表个性化学术理论，构建具有深圳风格和气派的学术文化。

称为"学派"就必然有自己的个性、原创性，成一家之言，勇于创新、大胆超越，切忌人云亦云、没有反响。一般来说，学派的诞生都伴随着争论，在论争中学派的观点才能凸显出来，才能划出自己的阵营和边际，形成独此一家、与众不同的影响。"深圳学派"依托的是改革开放前沿，有着得天独厚的文化环境和文化氛围，因此不是一般地标新立异，也不会跟在别人后面，重复别人的研究课题和学术话语，而是要以改革创新发展实践中的现实问题研究作为理论创新的立足点，做出特色鲜明的理论表述，发出与众不同的声音，充分展现特区学者的理论勇气和思想活力。当然，"深圳学派"要把深圳的物质文明、精神文明和制度文明作为重要的研究对象，但不等于言必深圳，只囿于深圳的格局。思想无禁区、学术无边界，"深圳学派"应以开放心态面对所有学人，严谨执着，放胆争鸣，穷通真理。

狭义的"深圳学派"属于学术派别，当然要以学术研究为重要内容；而广义的"深圳学派"可看成"文化派别"，体现深圳作为改革开放前沿阵地的地域文化特色，因此除了学术研究，还包含文学、美术、音乐、设计创意等各种流派。从这个意义上说，"深圳学派"尊重所有学术创作的成果，尊重所有的文化创意，不仅是哲学社会科学，还包括自然科学、文学艺术等。

"寄言燕雀莫相啅，自有云霄万里高"。**学术文化是文化的核心，决定着文化的质量、厚度和发言权**。我们坚信，在建设文化强国、实现文化复兴的进程中，植根于中华文明深厚沃土、立足于特区改革开放伟大实践、融汇于时代潮流的"深圳学派"，一定能早日结出硕果，绽放出盎然生机！

> 他们都是在后面拍手的人

徐扬生校长是个睿智而有真性情的人。他首先是个科学家，然后又是个教育家、书法家、实干家。看了这本书，发现校长还是位散文家。一个人，他为什么能够做成这样？在这之前，我真觉得徐校长是个谜。但是看了《摆渡人》这本书，我似乎明白了一些。他的人生经历，绝对是非常丰富的。

谈谈对徐校长的散文的几个感觉。

一是亲切，没有玄学腔。所有的散文，不管长短，给人的感觉都是两个字：亲切。这种亲切首先来源于作者感情的真挚。他写的事情，可能都是我们日常能够看到或遇到的，看似普通，却道出了平凡背后深刻的道理。

二是处处洋溢着真善美。真善美是这本书中绝大部分文章的特点。

比如《飞机上的蚊子》，他从一直跟着他在飞机上飞的蚊子，想到这只蚊子将和他飞到美国，又飞回来。蚊子在飞机上飞，看起来好像经历很丰富，但实际上它什么也没经历。然后由此得出结论："体验真切的生活，在这个世界上是一种奢侈"，同时，也认为生命的意义就在于更多的体验。我也曾经说过，人的体验越丰富，生命的意义就越隆重。

比如与本书同名的文章《摆渡人》，他回忆S叔这个摆渡人当时对他的帮助，然后得出体会："人生很像摆渡，我们的一生中要经过很多次的摆渡"，父母、老师等接我们上船，把我们送到称为"社会"的岸边。"每个人一生中会遇到无数的摆渡人，同时也会为其他无数个人摆渡。"这就像儒家所倡导的：己欲立而立人，己欲达而达人。也就是当代人所说的：人人为我，我为人人。

还有《神奇的饺子》，他提到一个精力非常充沛的内地朋友。文章说他这个朋友，总在同一个时间里做着许多不同的事情，他很纳闷这个人哪里来这么旺盛的精力。朋友太太告诉校长，他是北方人，一辈子只吃饺子。校长就联想到饺子是用面皮将肉、菜各种材料包在一起，营养好，也容易消化。他就联想到办学应该是兼容并蓄。只有兼容并蓄，才能培养出优秀的学生。

还有《月光》这篇，最后两句话是："太阳给了我们向前的冲动，月亮则赋予我们向后的雅情。"我也想了想，中国古典诗词里面，大部分通过月亮来表达相思之情，无论是思念家乡、亲人，还是恋人、朋友，都是通过月亮的意象，表达了丰富而深刻的情感。

另外，还有《浪里白条》这篇文章，写了在美国读书时的一个博士朋友。这个朋友只用一种泳姿游泳，游得特别好。由此，他得出结论，人生一定要专注，只有专注地做一件事情才有可能成功。很多这样的例子，都是由简单具体的事情，很自然地引申出深刻的哲理。

三是大部分文章有明确的指向性，洋溢着青春的力量。他所议论的主要是人生的一些话题，但是无论他谈自己还是谈教育，实际上这本书很多文章对那些初出茅庐的年轻人非常有帮助，这可能和徐教授本身是教育家和大学校长有关。里面不少文章都是对年轻人语重心长的教诲或谈心，字里行间洋溢着青春的力量，那些刚上大学或准备毕业走入社会的学生，看了一定受益匪浅。他在序言里也说，这本小书是为忙碌的都市人写的，翻翻这本小书，就像在高楼间徜徉的一池绿水，能够给群楼以灵气。确实，校长这些灵动的文字，能把都市人从高楼大厦里面解放出来。

　　四是文章很有温度，表达着校长丰富的情感。校长写了这么多感情深厚的人，包括他父亲，就我个人而言，给我印象特别深刻的，写得最有感情最打动人的，就是他的祖母。《祖母的雨伞》这篇文章，校长写小时候祖母怎么给他讲故事，还有一边给他扇扇子、一边看他读书，包括为了让他练毛笔字，专门找了一块青砖，因为没有那么多报纸，就让他在青砖上用清水写字，写完就干，可以继续再写。文章讲到他离开故乡时，祖母送他，一边走一边很平淡地说："我大概是看不到你回来了。"路上已经分别，眼看他要转弯的时候，突然老人家向他招手说："你停下来，我还有一样东西给你。"祖母给了他一把雨伞。其实他心里知道，老人家不是为了送这把雨伞，而是要跟她这个孙子再多待一会，在离别的时刻再多看他一眼。这里确实写得感情特别深厚，就像他在前言里写的："想到我那苦命的祖母，我在家读书时，她总是在我身旁打扇，每晚睡前都会给我讲古代读书人的故事；我在楼上读书，她总是在楼下的楼梯口望着我，一遍遍地叫我早点休息……想到这一切，我不禁潸然，两颗大大的泪珠不由地落在纸上。"写得如此深情，我读到这儿也特别受感动。所以，从这些文字里面，我们看到了校长的至诚至性至孝之情。

最后，我还想说说这本书的最后一篇文章《拍手》，写得很有意思。那个故事讲的是什么？就讲学校毕业典礼的时候，每一位毕业生上台，在台上就座的学校领导都要拍手鼓掌以示祝贺。大家一开始都拍得很热烈，可是到第 500 名以后，掌声开始稀稀拉拉，没那么热烈了。但是他作为校长，要鼓励学生，还要继续拍手，同时他偷偷看了看别人，发现那些一直拍手的人，大都红光满面，神采飞扬，至少看起来身体很强健。他就联想到拍手和养生之间的关系，"当我们努力拍手为人家的成功喝彩的时候，自己也会倍有裨益"，然后联想到"仁者寿"，最后结尾说："如果我们经常为别人拍手，离别人为我们拍手的日子就不远了。"你鼓励别人的时候，实际上自己也获得了快乐，另外，必然也会受到别人的尊重，别人也会为你拍手。这跟本书开篇《先生的礼物》，其实是首尾呼应，所以，这本书从为人厚道的周先生开始，又以厚道的拍手作结尾。书里提到，世上有两种人很难得：一种是聪明而厚道的人，一种是高贵而平和的人。其实，他们都是在后面拍手的人。所以，现在，就让我们为写《摆渡人》而自己也是摆渡人的校长真诚地拍手吧！

> ## 大千世界一奇书

　　今天能够来参加商务印书馆和深圳大学饶宗颐文化研究院主办的《两界书》系列著作深圳发布会，并能和这么多知名学者坐在一起，听大家对这本书的评价和解释，感到十分高兴。

　　士尔先生是我非常尊重的一位学人，我原来知道他是国内研究犹太文化的著名专家，也是一位优秀的教育家和高校管理者。后来我听说士尔先生写这本书时，每天凌晨三点钟起床，写到五六点钟，在寂静中让思想奔腾。读了《两界书》系列著作，更使我对他的学问功力和广博视野，以及思考问题的深刻和想象的瑰丽由衷地佩服。就《两界书》而言，相信在座学者会发表很多优秀的见解，我先大略谈谈自己的陋见，算是抛一块砖头。

　　之所以说这本书是一本奇书，首先在于它内容的宏大，其宏大之程度，非常罕见。先说说我对书名的理解。

　　一是天人之界。从天地产生，到人在天地之间的作用，用一个个我们似曾相识又独特清新的故事，将二者串联起来，每每读它时，就会想到清代大才子袁枚所写的几句诗：

　　　　我知混沌以前乾坤毁

　　　　　水沙激荡风轮颠

　　　　山川人物熔在一炉内

精灵腾踔有万千

彼此游戏相爱怜

二是文明之界。恰如作者所说，在这本书里我们能看到儒家的仁爱与修齐、道家的阴阳与自然、佛家的色空与顿悟、希伯来的悖逆与信约、古希腊的理性与法意、世界的恒在与无常等思想。《两界书》实际上是为"六先论道"搭建综观平台，容纳了世界几大文明的智慧和要义。应该说作者这种探索非常有意义，既让我们在充满兴趣的阅读中对世界上各种文明源流、宗教、学说、思想进行了解，进行互鉴，也让我们对人类面临的共同问题进行思考，在神话与现实、学说与想象中自由徜徉。

三是古今之界。如作者所说，全书可以概括为：认识本来——从哪里来、了悟未来——来干什么、走向未来——往哪里去。又说：行走两界，心觉三来；本来未去，未来已来；有界无界，皆为往来。实际上是在回答和探索人类的产生、历史、未来的命运。而在这一过程中，有意思的是，从天帝的造人之手，到世界的纷争、金戈铁马，再到未来的机器人与人之间的关系，都在作者独特的眼光下焕发出迥异的魅力。

此外，书里还涉及历史与文学之界、宗教与世俗之界、神话与科学之界等，可以说是一部名副其实的跨界之书。

原来说司马迁"究天人之际，通古今之变，成一家之言"，今天看《两界书》，同样是"究天人之际，融六先之言，通古今之变"。看来，卓越的中国学者都应有如此的人文情怀。

现在，习近平总书记把文化自信放在空前重要的位置上，他用"六个更"强调文化自信的重要性，即"文化自信是更基础、更广泛、更深厚的自信，是更基本、更深沉、更持久的力量"。耐人寻味的是，这六个"更"是相较于道路自信、理论自信、制度自信而言的。可见其是重中之重。我想，真正的文化自信绝不是孤芳自赏，也不是"众人皆醉我独醒"，更不是"凝霜殄异类，卓然见高枝"。真正的自信是来自包容的胸襟、谦卑的态度和了然于胸的自知之明。曾经有人问我，为什么大唐气象能够彪炳千秋，为世界所景仰？我说，因为它最没有"华夷之辨"，能包容各族各类、各种文化，胡食、胡器、胡乐、胡旋、胡俗竞相开放于世界之都长安，其恣肆纵放、包容天下的气概，恰恰铸造了中华文化的雄浑深厚和灿烂辉煌。从士尔先生的《两界书》也确实看到了这种气象。这部书让我们更加明白，文明是互鉴的，而不是互相否定和贬低的。

最后想说，**一本好的书，并不是强迫你一定要接受它，或者仅仅把读书作为教条。好的书就是能让每个人在阅读中启迪心智、激发想象力，这也是为什么越是经典的书籍解释它的人越多，而解释又每每不同的重要原因。**所谓"横看成岭侧成峰，远近高低各不同"。每个人的心智不同，所处环境不同，所习专业不同，自然感悟也不同，而好书就是能让不同的人有不同的感悟。

> 解码方正汉字，采撷修身智慧

欣闻建彪著书解读汉字智慧，内心有所触动，故发感想一二。

汉字是世界上最古老的文字之一，历经洗礼，依然焕发着强大的生命力与创造力，实为难得。作为中华文化的根基与精髓，汉字不仅是信息的载体和表达的工具，更是民族智慧的结晶和民族思想的沉淀，以方正之姿点缀着璀璨的中华文明之河。

建彪的《汉字与修身智慧》不是一本艰深难懂的学术专著，而是一本关于汉字的普及读物。建彪不高谈汉字大道、汉字玄机，而着眼于汉字的构式与寓意，从"微言"中洞察出"大义"，以故事导入的形式来梳理出对汉字的思考和体会。书中所选的三十六个核心汉字揭示的修身智慧，建彪称之为修身"三十六智"，值得细细品读玩味。

翻阅全书，从汉字心能量至汉字的起源与寓意，再到汉字故事及相关古诗文，建彪娓娓道来，一如循循善诱的智者。清人李渔的《闲情偶寄》有云："开卷之初，当以奇句夺目，使之一见而惊，不敢弃去，此一法也。"与之相反，本书另辟蹊径，以故事夺目，而非开门见山地解字说智。禅师与空空、本本的故事深入浅出，这种以故事导入，解读汉字的方法，一来避免了一板一眼高谈汉字的枯燥性，二来借禅师的口吻道出汉字对人生之启示，增添了阅读的趣味性与启发性。

在建彪看来，汉字造字美妙且精巧，其表意性使其独具美感，从汉字的起源便可看出汉字的凝练和诗意。每一个汉字都渗透着智慧的光芒，背后都蕴含着或充满哲理或意趣横生的故事。建彪能信手拈来，举重若轻，实则下了相当的功夫。

识汉字，悟人生。今人多认字而不识字，能潜心钻研汉字的已不多，建彪无疑是当中的有志者。希望建彪笔耕不辍，以智慧之言滋养心灵，陶冶情操，给读者丰富的精神涵养与美好的诗性体验，使之获得修身养德之启示。

阅读集思录

我们所留给后世的，不应只是在物质上的丰饶，还要有丰富的精神创造。我们筑造的不仅是高楼大厦，通过阅读，我们还在创造一种高尚的城市文明样式。

城市的终极意义就是文化的追求，一种文化品位的追求。

积极倡导读书活动，使一个商潮涌动的城市同时成为书香弥漫的城市，正是自觉地追求文化，积极地崇尚知识，以及深圳面向未来的前瞻性、战略性选择。

在市民文化生活中，阅读是最为普遍也最为持久的文化需求，阅读权也是市民最为基本和最为重要的文化权利之一。

亲近阅读就是亲近文明。

读书给我们的是智慧之乐、心灵之乐、和美之乐。这种乐，非天然所能至，而要进行后天的熏习。

从某种程度上讲，有什么样的城市阅读，我们就会获得什么样的城市文化形态。从知识获得力量，从经典吸取智慧，从文明启迪创新，就是我们阅读的追求。

——《创造一种高尚的城市文明样式》

城市竞争已经从拼经济、拼管理进入到拼文化的新阶段，文化、文明、精神正在逐渐成为城市未来发展的决定性力量。

以文化论输赢、以文明比高低、以精神定成败，这既是深圳面向未来参与城市竞争做出的战略姿态，也是深圳不遗余力推动全民阅读蓬勃开展的朴素考量。

只有一座城市以知识为追求，只有一座城市的市民普遍将阅读作为不可或缺的精神生活，这个城市的文化才是真正有生命力、有竞争力、可持续发展的。

文化深圳，从阅读开始。

——《文化深圳，从阅读开始》

为什么深圳能获得联合国教科文组织的肯定？因为这里

有热爱阅读的市民，因为市委市政府多年来推动全民阅读的自觉与坚持，因为读书月先进而朴素的理念对全民阅读的引领，因为运营团队齐心协力的推动与社会各界的呵护支持。

文化的载体是什么，不是那些多少年沉淀的秦砖汉瓦，人才是文化的最大载体。

不同的城市文化之间，只能是文化形态的不同，没有高低贵贱之分，你可以说这片文化是大森林，这片是草地，这片是灌木。但你不能说是沙漠，因为这里有人。

文化底蕴是很重要，但是文化底蕴对于一个城市的发展来讲不是最主要的，最主要的是她的文化增量和文化流动性，流动的速度和流动的广度都很重要。移民的流动生机勃勃。只要这座城市一直保持着移民的流动性、创造性，那么这个城市的未来就很远大。

推动全民阅读就是要坚持，有"死磕"的精神。

从首届读书月开始，深圳就把阅读作为实现市民文化权利的基础加以推动，如果不能给每个人以阅读空间，其他文化权利无从谈起，无论是参与文化活动、享受文化成果还是进行文化创造，都必须以阅读为基础。

让热爱读书成为城市的新传统、新民俗。

——《缔造热爱读书的城市新传统》

任何兴旺发达的城市和地区一定是流动文化最活跃、最激烈碰撞的地区，而没有流动文化或流动文化很少光顾的地区，一定是落后的地区。

人是文化的基本载体，只要有人的地方就有文化。流动的人群是流动文化的承载者。

考察一种文化是否有活力，是否有发展的可能性，关键就是看它流动的能力、空间和程度，如果它不再与他种文化相碰撞相流通，不再有大面积的流动，那么它就可能停滞甚至死亡。

城市的文化竞争，是文化存量之间的竞争，但更是文化增量之间的竞争。

现代城市的文化竞争，在某种意义上是文化产业的竞争，谁能代表先进文化的前进方向，谁能使其文化影响更多的人，谁的文化产业就更发达。

——《文化是流动的》

在整个中国文化漫长的发展进程中，凡是创新、智慧、包容和力量特征凸显之时，就是中国文化强盛之时；凡是创新、智慧、包容和力量特征遮蔽之日，就是中国文化衰微之日。

文化因多样性而可爱，不因单一性而高贵。

阅读是创新、智慧、包容和力量的重要源泉，而城市的出现既推动了阅读，也因其对人类知识、智慧资源的大规模集中运用，推动了文明的发展和社会的进步。阅读因此成为人类最重要的可持续发展资源。

深圳的成功，首先是因为观念作为文化在这片热土上走在实践前面。这不仅是因为"经济特区"一开始就是观念的产物，更是因为深圳的"敢想敢试敢干"。深圳的发展中，最值得肯定的是观念的创新。

文化繁荣的花朵在历史的天空中次第绽放，但带给人们的并不总是沁人心脾的芬芳。我们到底需要什么样的文化繁荣？我们的答案是，需要充满创新、智慧、包容和力量的文化繁荣。

　　　　　　——《我们需要什么样的文化繁荣》

对于民族、对于城市、对于个人而言,文化,是可持续发展的关键,而阅读,是最好的可持续发展,一种快乐的可持续。

可持续发展中最重要、最根本的是人的可持续,那么,人的可持续靠什么来实现呢? 阅读最为关键。

看一个城市的阅读深入不深入、繁荣不繁荣,关键看阅读组织的活跃程度和数量,及其开展活动的品质。所以,民间阅读组织是需要大力培育的,并且会进一步改变全民阅读的架构。

——《阅读是最好的可持续发展》

在这个世界上,有两件事最积德:第一是劝人行善,第二是劝人读书。这两件事既积社会之公德,又积私人之美德。

读书是一种"致良知"的行为。

热爱读书的民族必将自强于天下。强国自国民始,高文化素质的国民自教育始,教育自读书始。凡是有着强大创造力和百折不挠精神的民族,都是热爱阅读的民族。

在创新和发展的背后,是默默无闻的阅读,在发挥着根本性的作用，这也是民族素质和民族精神的展现。

一座城市强大的学习能力、创新能力、创意能力、创造能力，都与阅读密切相关，无数大胆的设想和创意都来源于持续阅读与勤学善学。

——《热爱读书的民族必将自强于天下》

创新驱动发展，文化驱动创新，是什么驱动文化？

回溯深圳建市 40 年的发展历程，城市强大的学习能力、创新能力、创意能力、创造能力与阅读密切相关，无数大胆的设想和创意都来源于持续阅读与勤学善学，支撑这座城市创造了巨大的经济奇迹和文化奇迹。

从全世界范围来看，阅读指数和创新指数高度重合，两者成正比。

国民阅读率决定了国家创新力。城市能否可持续发展，能否不断地迸发思想活力，就看这座城市有多少人坐在图书馆里，多少人买书和研究问题。

无论是一个国家、一座城市，还是一名市民，都要有观念的引领，文化提供了与时俱进的观念支撑。

书店是城市的灵魂，阅读者是城市最美的风景。

阅读能力培养，之于个人，是实现人生价值的立身之本；之于城市，是驱动创新发展的动力之源。一座城市的阅读能力培养，名在培养能力，实为培植观念、培育文化、养成实力、生成动力。

深圳人带着理想、热情、智慧和担当，脚踏实地地推动全民阅读，于无声之中润化心灵，以大气压制浮躁，以优雅驱逐粗俗，让这座城市因热爱读书而赢得尊重，也赋予深圳未来跻身全球一流城市深厚的自信和力量。

——《全球全民阅读典范城市的时代风采》

事实上，用"观念"解读城市，是把握城市本质的一个很好的视角。如果把一座城市比作一部大书，那么，"观念"则是这部书的精神主旨；读懂一座城市的"观念"，才算真正了解这座城市。

"深圳观念"是深圳价值体系的提炼和总结，具有强大的创造力。

"深圳观念"是深圳身份的标识,具有强大的凝聚力。

"深圳观念"是世界看中国的一个重要指标,具有广泛的国际影响力。

深圳的城市精神发展史,就是一部城市观念史。城市的发展以经济为基础,以制度为保障,以文化为灵魂。

深圳首先生长的是精神和观念,其次才是高楼大厦和速度。一座城市被人尊重,并不仅仅在于其悠久的建城史和创造的经济价值,而更多在于其所秉持的价值观念和持久的梦想。这样的城市,温暖、智慧而富有力量。

"深圳观念"的真正创造者是永远属于这座城市的人民。

观念的领先比 GDP 的领先更为重要。现代城市的文化影响力的核心正是"观念"——体现时代精神的观念。在改革开放历史上,深圳所创造的弥足珍贵的价值观念和精神财富,是深圳所做的最大的贡献。

一个大国的崛起从来不是单纯意义上经济的崛起,不是一个简单的 GDP 的指标,而是这个国家能否给世界文明创造出伟大的观念。

深圳，不仅拥有物质上的丰富，还有着精神上的丰饶；这里不仅创造着财富，还在生长着观念和价值。

——《观念的力量》

无论如何，一个人，一个家庭，一座城市，乃至一个国家，倘若因为爱读书而受人尊重，总是一件特别让人骄傲的事情。

——《因读书而受人尊重》

读书过节，反映的是一种"以读书为荣"的价值观念，可以使人们更注重文化生活，使社会更和谐。

读书过节，反映的是一种"以读书为乐"的生活方式，可以使人们更快乐，使城市更祥和。

读书过节，反映的是一种"以读书为用"的实践路径，可以使人们成就人生梦想，使城市创新发展。

——《以读书为荣，以读书为乐，以读书为用》

深圳因崇尚知识而快速发展，因热爱读书而受人尊重。

城市的凝聚力、影响力和辐射力，很大程度取决于人文力量。

衡量一个城市，不在于经济发展有多快，也不在于有多少高楼大厦，而在于人们的幸福感，这种幸福感来自心灵上和精神上的满足。

只有心灵得到不断滋养，真善美成为人们的追求，幸福才能悄然降临。而阅读，从古至今都是给人幸福、给人和美、给人希望的最有效途径之一。

——《城市，因阅读而改变》

今天，我们快乐、宁静地在这里畅谈读书的体会，在畅谈之中，我们的城市在悄然进步，我们的民族在阔步前行，这是多么美好的事情！

如果我们的城市形成了热爱读书的城市新传统，如果我们珍惜所有学习创作的成果，我们终将实现自己的文化梦。

——《阅读与梦想》

有一件事，和伟大的中国梦有关，和每个人梦想的建构与实现有关，它，就是阅读。

对于梦想而言，阅读，是梦想诞生的地方，也是梦想实现的一种力量。

深圳是一座移民城市，是中国最大的逐梦之城，这是由移民社会共同的本质决定的。这种本质就是，移民从四面八方汇聚而来，每个人都有自己的梦想，既有对过去的不满足，也有对未来的新期待。所以，深圳是一个典型的梦想之城，每个人的梦想集聚起来就是城市的梦想，也将组成和代表国家梦想。

阅读，不仅是梦开始的地方，可以点燃人们的智慧和梦想；同时，阅读又是圆梦的地方，人们可以从阅读中获得强大的精神动力和行动激情，实现灿烂梦想，铸就美好人生。

——《阅读筑梦，阅读圆梦》

少年强，首先要有健康的体魄，但更重要的是早期的道德和知识的培育，以及好的学习习惯的形成。

幼儿学则少年强，少年强则中国强。

一个城市乃至一个国家是否重视儿童阅读,实际上反映了它的文明程度和发展格局。

——《幼儿学则少年强,少年强则中国强》

举办 20 年的深圳读书月,在这座城市发展的关键期,为其注入了沁人心脾的诗书之气,植入了阅读的文化基因,锁定了高远的文化追求:让城市因热爱读书而受人尊重。

移民的梦想能为新观念诞生提供土壤,移民之间碰撞求变能为创新提供温床,移民的差异性能为文化包容提供空间。

我们必须树立一种新的文化观——"文化流动论",深刻认识文化的本来意义和它的真正动力及规律,而不是沉浸在文化底蕴和文化积淀中裹足不前。

文化的发展,主要不是取决于存量,而是取决于增量。

如何提升文化增量?阅读是行之有效的路径之一。

世界一流的城市必须具备两种辐射能力——经济辐射力和文化辐射力,而文化辐射力更深厚、更长远,是更重要的可持续发展。

让"以读书为荣"成为我们的价值观念，让"以读书为乐"成为我们的生活方式，让"以读书为用"成就我们的人生梦想。

深圳读书月坚持多年，正是向良知出发，向城市的未来出发，这也是深圳开展全民阅读的"初心"所在。

全民阅读，既然高贵，继续坚持！

读书，是门槛最低的高贵之举。

如果说读书月是深圳"文化绿洲"里一棵始终保持向上姿态的大树，那么，读书月多年来的年度主题以及因此而流传开来的阅读理念，则宛若文化年轮，勾勒出一座城市全民阅读的历史变迁，清晰记录着深圳从文化自觉、文化自信到文化自强的攀升。

最是书香能致远，满城尽是爱书人。

如果说读书月是深圳这座城市的"高贵的坚持"，那么，这种"高贵的坚持"来源于我们可敬的市民。

创新驱动发展，文化驱动创新。在深圳，一边是静水流深的阅读，一边是激情四溢的创新，正是这种学习氛围，不断推高深圳的创新指数。

期待着有一天，深圳读书月所造就的成果，能够使我们站在文明的巅峰上，和其他杰出的民族亲切握手，美美与共，使人类文明更加灿烂辉煌！

——《一座城市文化基因的生成与绽放》

我们有理由相信：有朝一日，深圳文化发展史将记述这一事件，"深圳从 2000 年开始设立读书月，时间为每年 11 月"。

城市需要文化，而文化是共同的事业。既需要政府的大力推动，也离不开民间的广泛参与，文化创造的伟力来自人民，来自民间。

文化工作必须保障最广大人民群众的文化权利的实现。

城市的辐射力和认同感最终来源于文化。

文化之于一座城市，恰如这个城市的名片。文化工作和文化工作者的职责，就是打造、锤炼这张名片，使之熠熠生辉、金光闪闪。

——《实现市民的文化权利》

我们希望，深圳民间蕴藏的巨大读书热情将通过读书月得到充分释放，市民的阅读权利将通过读书月得到充分满足。

一个文化品牌的创办与坚持，不仅需要理性，还需要激情，正是一大批单位和一大批人的用心浇灌，才让读书月独树一帜、闻名遐迩。

当一些城市的读书活动在开展若干年后变为"鸡肋"时，深圳读书月却长盛不衰。因为读书月有一个独特模式，就是"政府倡导、专家指导、社会支持、市民参与"，搭建一个营造城市文化氛围、提高市民文化素质的广阔平台。因为读书月总是创意不断，每年都有新活动新亮点。

从知识获得力量，从经典汲取智慧，从文明启迪创新，崇尚阅读、求学问道，已沉淀为我们城市一种共有的精神气质。

我们通过阅读，走向一种"高贵的单纯，静穆的伟大"。

——《一座城的"高贵坚持"，千万人的"幸福享受"》

你可曾见过浩瀚的钱塘江，"八月十八潮，壮观天下无"，八月的潮水使钱塘江闻名于世。潮水，是钱塘江八月一个壮观的景色，而钱塘江水是无声无息、浩浩荡荡、从古至今一直流淌的，正如我们的读书和读书活动一样。可以说，每年 11 月，就是我们读书的钱塘潮，而全年的读书就是浩荡的、永不回头的、一直流淌的钱塘江水。

城市可以因为热爱读书而受人尊重吗？2013 年，深圳荣获"全球全民阅读典范城市"称号，给了我们的执着追求一个美好而肯定的回答！

"高贵的坚持"，让深圳获得了"高贵的荣誉"。"全球全民阅读典范城市"，这个来自国际社会的高贵荣誉，属于深圳市委市政府和全体热爱阅读的市民。正是他们，在这个年轻的城市创造了文化发展的奇迹——因为这个城市信奉，文化尤其是阅读是可持续发展的关键；这个城市信奉，要让城市因为热爱读书而受人尊重；这个城市信奉，中国的优秀文化不仅是我们的尊严和宝贵财富，也是人类智慧和财富的重要组成部分。

每座城市都有发展的关键期，如同一个儿童的生活习惯和学养将影响其一生，我们经常看到很多城市突然兴起又突然消亡，而有些城市一旦崛起之后就成为千古名城，关键就看在其成长的关键期，植入了什么文化因子，最终决定了这个城市的气质、气韵和文化形态。

过去几十年，深圳一直在做着别人想做或未做的事，现在，在全民阅读中，我们一样要去做那些别人还在想而我们已经在做的事。这是深圳的气量，亦是深圳的品格，在文化上如此，在阅读上如此，深圳可以继续领先。

那时的深圳，定然是高楼广厦、波光帆影，到处闪烁着人们的智慧和机敏；那时的市民，定然是气定神闲、优雅飘逸，处处彰显着文明的风采和精神。斐然的文化成就，集中了人们的经验和思想；可观的财富积累，使各处都充满着乐观主义光芒。平民艺术趣味提升使城市崇尚美与和谐，而普通市民身上又能展现出一种静穆的伟大，高贵的单纯。

——《一座因热爱阅读而赢得尊重的城市》

仰望读书月的星空，群星闪耀，璀璨夺目。

正是由于他们的支持，读书月的星火从深圳开始点燃、从深圳走向全国、从中国走向世界，让深圳成为中国人热爱学习、薪火相传的一个优秀代表，成为中国一个热爱阅读的城市典范，自信屹立在世界东方。

——《读书月群星闪耀时》

除了科技、制度、市场等因素外，文化也是驱动创新的重要因素。创新创意和人才就像种子飘落在土壤中，如果土壤肥厚，气候得宜，便发芽破土，茁壮成长，反之则寂然无声，湮灭其中。文化的价值观念和思想方式以及好的制度，则决定了土壤差异。文化的形态不同造成了国家创新能力的迥异，国家创新战略根本有赖于文化的支撑。

——《漫步在阅读的星空下，徜徉在知识的海洋里》

想通过读书月达到什么经济效益？没有！从一开始，读书月就是为广大市民服务的，这不是一个赚钱的事。深圳人要赚钱有的是办法，绝不是通过一个读书的活动。

读书月是一个很有理想主义色彩的事情，深圳又是一个光辉之城，它的光辉将因为深圳读书月这一奇迹而不断地为世人所知，它能影响的是深圳城市的进程和中国文化的进程。

——《高贵的坚持》

书是一辈子的朋友。

对于一个城市和个人而言，阅读就是最重要的投资。

书店的意义除卖书外，还应该有一种文化态度。

这种态度看似渺小，但表明一个城市对阅读的支持，对热爱阅读的人的一种期待。这种期待会长久地鼓励全民阅读，是一种精神力量。

特别欣慰的是，深圳有一大群爱书的人，我们一起走过15年，始终一路同行、一路坚守，"死磕到底"，而且充满自豪。

——《第一等好事还是读书》

我相信经济学的理论，供给侧的改革本身就能制造出社会需求，而我们的环境创造越优越，我们读书的氛围也会越来越好。

——《阅读看见未来》

一辈子一定要读一本经典。没有读过一两本经典的书，是人生的遗憾。

一辈子一定要有几本百读不厌的书，因为这样的书是你一生的朋友，是你的好友。

全民阅读活动的核心价值是要实现市民的文化权利，首先是阅读权利，这种阅读权利通过什么保障？简单来说就是通过法律。

比法律更有意义的是什么？就是通过法律把全民阅读的认识提高到新境界。如果说原来我们更多的是提倡、是说服、是鼓动的话，那么法律的权威性和神圣性使我们对阅读的权威性、神圣性都有了更深刻的理解。

这些能工巧匠背后是什么？就是文化。文化怎么来的？最终是从阅读，从中国人喜欢读书开始。

苏轼说过"旧书不厌百回读"，你读了100本书，和你真正读透一本书，感觉是不一样的。你真正读透的这本书，才是你生活的一部分，而且才能升华为智慧。

——《阅读，看见世界》

从过去的"倡导"升级为"大力推动"，这不只是字面上的变化，其折射出的是，党和政府对全民阅读重要性认识的进一步升华，对全民阅读推动力度的进一步加大，将对全民阅读广泛深入的开展奠定坚实基础。

一旦你和书结了良缘，终身不会寂寞，它一直伴你前行。

就个人而言，阅读最终给每个人尊严，使我们精神越来越高尚，让我们在谋生中越来越主动，有自己的技能，能够为国家、民族贡献。

就城市而言，它让我们能够通过阅读而受人尊重。问我们深圳如何走在前面，就是要通过我们自己的阅读，让我们这个新兴城市受人尊重。

当我们来到深圳的时候，我们不是带着文化沙漠的帽子来，每个人都怀抱着一个梦想。而这种文化的流动，这种梦想和自己实现梦想的愿望以及对这个城市发展的热爱程度，丝毫不亚于故乡。

——《阅读，点亮一座城》

我们需要的企业家精神，以及创新精神、工匠精神，哪一个不需要文化的滋润和培养？任何一个科技工作者，当他要创新的时候，首先是不是来源于他思想的维度？从人类历史上来看，是不是先有了文艺复兴，有了启蒙运动，才有了科学革命，有了工业革命？

阅读指数和创新指数高度重合。

中国从来不缺书香门第，书香门第一传就是几十上百年。而这种学习的态度，就是我们一直讲的文化自信。

——《城市与阅读》

如何使城市能够充满信心发展的同时，又能大气、安静，给城市增加底蕴，让它可持续发展呢？得出的结论是读书，读书能改变一个城市的气质。

一个现代化企业要有三大精神——企业家精神、工匠精神、创新精神，这三大精神都与文化、阅读有直接的关系，精神本身就是文化。

黑格尔说中国没有哲学，因为他没有很好地读《道德经》，这是一本解决人的世界观的书，是形而上的东西。

——《阅读让城市更美好》

深圳"双创"为什么强？是源于政府的自觉、民企的活跃和高科技的优势，核心精神就是"闯"与"创"，这也是深圳这座改革创新之城的本质和品格。

深圳"双创"之强和这座城市阅读氛围之浓是密不可分的。阅读已经成为这座城市的风尚，"以读书为荣、以读书为乐、以读书为用"正成为深圳市民的价值理念和生活方式。

文化和"双创"紧密相连，文化是"双创"的土壤，反过来"双创"也推动着文化的发展。

深圳创新强，关键就是文化强。因此，推动创新创业，文化既是领航者，也是保障者；既是灵魂也是基础。

一国产品之质量乃一国之国民素质，一国产品之信誉乃一国之国民尊严。

——《"双创"何以深圳强》

伟大的复兴需要伟大的文化，中华民族的伟大复兴，不仅是经济的腾飞，更重要的是古老文明重新焕发生机，以新的姿态和形式走向世界。

——《九十年后看〈中国问题〉》

学术文化是一座城市最内在的精神生活，是城市智慧的积淀，是城市理性发展的向导，是文化创造力的基础和源泉。

城市因文化而有内涵，文化因学术而有品位，学术文化已成为现代城市智慧、思想和精神高度的标志和"灯塔"。

学术文化是文化的核心，决定着文化的质量、厚度和发言权。

——《学派的魅力》

一本好的书，并不是强迫你一定要接受它，或者仅仅把读书作为教条。好的书就是能让每个人在阅读中启迪心智、激发想象力，这也是为什么越是经典的书籍解释它的人越多，而解释又每每不同的重要原因。

——《大千世界一奇书》

"全民阅读丛书·名家系列"图书

2019 年，正值中华人民共和国成立 70 周年之际，习近平总书记在甘肃考察时提出，要提倡多读书，建设书香社会，不断提升人民思想境界、增强人民精神力量，中华民族的精神世界就能更加厚重深邃。习近平总书记热爱读书、倡导读书，曾在多个场合强调阅读的重要性，倡导和推进全民阅读已成为党和国家的重要共识。自 2014 年起，全民阅读连续六年写入《政府工作报告》，今年明确要求，"倡导全民阅读，推进学习型社会建设"。

深圳是我国全民阅读最早的推动者，自 2000 年创办深圳读书月，至今已二十年。第十六次全国国民阅读调查报告（2019）显示，深圳在城市阅读指数、城市个人阅读指数、城市公共阅读服务指数三项榜单上排名第一，被评价为"全民阅读活动开展最早、活动影响力最大、活动效果最好的代表性城市"。深圳拥有 20 年的城市阅读史和 40 年的城市发展史,用实践充分证明了以全民阅读作为城市战略选择的前瞻性和正确性:从石破天惊的制度革新到举世瞩目的经济成就,从世人戏言的"文化沙漠"到国际认定的文化繁荣,深圳不断刷新城市成长的纪录,不断展示破茧新生的力量。

深圳高举的阅读旗帜,是对中国读书传统的历史性继承和创造性转化。2013 年 10 月,深圳荣获联合国教科文组织颁发的"全球全民阅读典范城市"称号。这个荣誉属于热爱阅读的全体深圳人,也属于传承着中华民族阅读传统的全体中国人。这个荣誉代表了中国人民热爱读书的形象,从中可以看到中国人对全民阅读的推崇和卓越贡献。

为纪念深圳读书月创办 20 年暨深圳全民阅读发端 20 年,深圳出版集团全力打造了"全民阅读丛书"系列出版项目,由所属研究机构深圳市全民阅读研究与推广中心负责策划承办,计划持续开展全民阅读理论研究和专著出版,旨在建构阅读理论和阅读学科体系,为我国全民阅读科学化、专业化发展提供理论支撑。

丛书第一期推出"名家系列",聚焦我国全民阅读领域的优秀专家学者,荣幸地邀请到王京生、朱永新、聂震宁三位作者,分别围绕"阅读与城市发展""阅读与国民教育""阅读与时代变革"三大主题编撰思想文集。三位作者高屋建瓴,著述颇丰,历年来关于全民阅读的观点和论述常见于报端,是我国全民阅读事业发展的亲历者、推动者和领航者。

王京生先生是联合国教科文组织"孔子奖章"获得者，提出的"文化流动论"曾在理论界投下巨响，颠覆"文化积淀论"，驳斥"文化沙漠说"，为深圳这座年轻的城市正名。他是城市阅读"第一人"，亲手撒下深圳全民阅读的第一颗种子，提出的"实现市民文化权利""让城市因热爱读书而受人尊重"等理念为城市阅读赋予了神圣使命，引领深圳阅读事业不断前行。

《让城市因热爱读书而受人尊重：阅读与城市发展》一书记录了作者从 2000 年至 2019 年二十年间关于城市推动阅读文化发展的经典论述。率先提出"以读书为荣、以读书为乐、以读书为用""阅读是最好的可持续发展"等理念，影响深远。深圳全民阅读领先于其他城市的，不仅仅是这项事业起步最早、坚持最久，更重要的是其前瞻性的战略部署、强大的理论体系、先进的文化理念，是全民阅读"深圳样本"的重要组成部分。该书以战略篇、理念篇、实践篇、对话篇、读书篇共五个篇章予以呈现，梳理了城市阅读的宏观战略、理论支撑、核心理念、具体实践以及个人读书感悟，系统阐述了阅读、文化、创新、发展之间的重要关系。

朱永新先生是国家"全民阅读形象代言人"，是新教育实验的积极探索者和带头人，致力于为中国教育改革探路，主张以阅读重塑教育生活。他提出的阅读观堪称教育界经典理念，"一个人的精神发育史就是他的阅读史，一个民族的精神境界取决于这个民族的阅读水平，一个没有阅读的学校永远不可能有真正的教育，一个书香充盈的城市必然是一个美丽的城市，共读共写共同生活"，深刻阐述了阅读对个人成长和国家发展的重要意义。

《造就中国人：阅读与国民教育》一书站在教育改革家立场，直面全民阅读现实问题，提出"阅读三问"：阅读为什么很重要？中国人应该读什么？今天我们应该怎么读书？该书认为，作为文化素养形成的路径，阅读是拥有核心知识的关键所在；共同的阅读不仅提高国人的文化素养，同时缩小了教育差距，促进教育公平。书中推出了面向幼儿、小学、初中、高中、大学、教师、父母、公务员、企业家等不同阅读群体的九个书目，共900个图书推荐条目第一次整齐亮相，用严谨的治学精神和扎实的研制工作为全民阅读导航，为国民教育献策。

聂震宁先生是全民阅读的倡导者和领读人，是全国政协委员首份"开展全民阅读"提案的第一提案人，被誉为"首位阅读导师"。他以作家、出版人、学者、全国政协委员等多重身份矢志不渝地推动全民阅读发展，在国内首次提出"阅读力"概念及阅读学理论，指出"阅读力的培养实际是对人们思维能力的培养"，"阅读力"问题应被视为人类阅读研究的起点与归宿，"阅读力"比"阅读率"更难得。

《改变，从阅读开始：阅读与时代变革》一书收入的文章绝大多数是第一次结集出版，记录了作者在大变革时代对全民阅读与国家民族命运的所思所想。在世界格局深刻演变、科学技术颠覆性创新的今天，阅读人口前所未有的扩大，阅读成为非常重要的文化战略和生活方式。该书用阅读为时代把脉，历数自改革开放以来我国重要转型期的全民阅读发展历程，在国家层面探讨倡导全民阅读、设立全民读书节庆、推进全民阅读国家立法等举措，不仅有利于读者了解早期全民阅读的推广情况，也深入阐释了全民阅读的现实价值和历史作用。

感谢三位作者的辛苦付出，他们的信任和支持极大地鼓舞了我们从事全民阅读专著出版的信心和热情。作为"全民阅读丛书"的首发之作，本系列丛书从宏观层面探讨了全民阅读战略布局和发展方向，希望后续的系列丛书能继续得到广大业界同仁的支持，让我们得以为全民阅读事业发展贡献一份绵薄之力。

当前，中国特色社会主义进入新时代，中共中央、国务院支持深圳高举新时代改革开放旗帜、建设中国特色社会主义先行示范区。第二十届深圳读书月正值这一伟大时期，提出"先读为快 行稳致远"的年度主题，这也是深圳全民阅读站在新起点开启新征程的豪迈宣言。为者常成，行者常至。文化示范，阅读先行。谨以此丛书为祖国70周年华诞献礼！

深圳市全民阅读研究与推广中心

2019 年 10 月 11 日

《让城市因热爱读书而受人尊重——阅读与城市发展》
王京生 著

记录作者从 2000 年至 2019 年二十年间关于城市推动阅读文化发展的经典论述，包括战略篇、理念篇、实践篇、对话篇、读书篇，系统阐述了阅读、文化、创新、发展之间的重要关系。

《造就中国人——阅读与国民教育》
朱永新 著

以教育改革家立场提出"阅读三问"：阅读为什么很重要？中国人应该读什么？今天我们应该怎么读书？研制 900 个图书推荐条目为全民阅读导航，为国民教育献策。

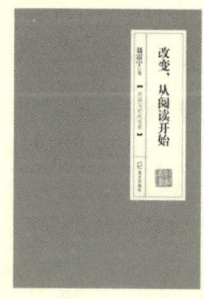

《改变，从阅读开始——阅读与时代变革》
聂震宁 著

用阅读为时代把脉，历数自改革开放以来我国重要转型期的全民阅读发展历程，有利于读者了解早期全民阅读的推广情况，深入阐释了全民阅读的现实价值和历史作用。